Inhaltsverzeichnis

VORWORT

PROLOG

1. EINLEITUNG: DIE DOPPELKLINGE DER KI
2. DIE GRUNDLAGEN VERSTEHEN
3. SICHERHEITSBEDENKEN UND TECHNISCHE VALIDIERUNG
4. GESELLSCHAFTLICHE UND GLOBALE PERSPEKTIVEN
5. BLICK IN DIE ZUKUNFT
6. SCHLUSS: EIN WECKRUF FÜR DIE MENSCHHEIT

EPILOG

DANKSAGUNG

ÜBER DEN AUTOR

STEPHAN WEBER

Vorwort

Technologischer Wandel ist nicht neu – er begleitet uns seit den ersten Werkzeugen der Menschheit. Doch selten zuvor war er so rasant und tiefgreifend wie in der heutigen Zeit. In meinem letzten Buch, Beraterleben im Wandel, habe ich darüber gesprochen, wie sich der Beruf des Beraters durch digitale Transformation, veränderte Kundenbedürfnisse und neue Arbeitsweisen neu definieren muss. Dabei habe ich auch die Rolle von Technologien wie der Künstlichen Intelligenz gestreift, die die Art und Weise, wie wir arbeiten, entscheiden und kommunizieren, fundamental verändern.

Mit diesem Buch möchte ich einen Schritt weitergehen. Es reicht nicht, KI nur als ein weiteres Werkzeug oder eine methodische Unterstützung zu betrachten. Wir müssen uns den Fragen stellen, die weit über unsere beruflichen oder organisatorischen Kontexte hinausgehen: Was bedeutet es, wenn Maschinen Entscheidungen treffen, die unser Leben beeinflussen? Wie sichern wir uns gegen Risiken ab, die wir vielleicht noch nicht vollständig verstehen? Und wie bleibt die menschliche Verantwortung in einer Welt, die zunehmend von Algorithmen gesteuert wird, erhalten?

Die Antworten auf diese Fragen sind komplex und oft unbequem. Doch genau deshalb ist es wichtig, dass wir sie stellen. Als Berater bin ich es gewohnt, Probleme analytisch zu durchdringen, Risiken zu bewerten und pragmatische Lösungen zu entwickeln. Dieses Denken möchte ich auch auf die Herausforderungen anwenden, die Künstliche Intelligenz mit sich bringt – insbesondere im Hinblick auf Ethik und Sicherheit.

Dieses Buch ist eine Einladung an Sie, diese Reise mit mir zu machen. Gemeinsam werden wir die vielschichtigen Facetten von KI beleuchten: ihre Chancen und Risiken, ihre ethischen und sicherheitstechnischen Implikationen, und letztlich ihre Bedeutung für uns als Gesellschaft und Individuen. Dabei knüpfe ich bewusst an die Überlegungen aus meinem letzten Buch an: Auch in einer Welt, die sich technologisch radikal wandelt, bleibt der Mensch der entscheidende Faktor.

Lassen Sie uns gemeinsam erkunden, wie wir Künstliche Intelligenz nicht nur verstehen, sondern verantwortungsvoll gestalten können – für eine Zukunft, in der Technologie im Dienste der Menschlichkeit steht.

Ihr
Stephan Weber

Prolog

Es beginnt leise, fast unscheinbar. Eine Kaufempfehlung im Online-Shop, die wir bedenkenlos annehmen. Eine Navigations-App, die uns zuverlässig ans Ziel führt. Ein Algorithmus, der uns den perfekten Song zur richtigen Zeit vorschlägt. Künstliche Intelligenz ist längst in unseren Alltag eingezogen – nicht mit einem großen Paukenschlag, sondern in kleinen, subtilen Momenten, die wir kaum hinterfragen. Doch hinter dieser scheinbaren Bequemlichkeit verbirgt sich eine Kraft, die weit über Komfort hinausgeht: die Macht, unsere Gesellschaft und unsere Werte tiefgreifend zu beeinflussen.

In meinem letzten Buch, Beraterleben im Wandel, habe ich die Herausforderungen beschrieben, die technologische Transformation für unsere Arbeitsweise und Entscheidungsfindung mit sich bringt. Doch während die Technologie fortschreitet, treten Fragen auf, die nicht nur unsere Berufe, sondern unsere gesamte Gesellschaft betreffen. Was bedeutet es, wenn Maschinen nicht nur unterstützen, sondern entscheiden? Was passiert, wenn wir uns immer stärker auf Systeme verlassen, die wir nicht vollständig verstehen? Und wie sicher sind wir in einer Welt, in der Daten die neue Währung sind und Entscheidungen durch Algorithmen getroffen werden, die unsere Werte vielleicht nicht teilen?

Die ethische Herausforderung

Künstliche Intelligenz ist keine neutrale Technologie. Sie ist ein Spiegel unserer Welt – ein Abbild unserer Daten, unserer Werte, aber auch unserer Vorurteile und Ungerechtigkeiten. Doch anders als der Mensch trifft KI-Entscheidungen ohne Mitgefühl, ohne Gewissen, ohne die Fähigkeit, zwischen richtig und falsch zu unterscheiden. Dies wirft fundamentale ethische Fragen auf: Wie stellen wir sicher, dass KI-Systeme unsere moralischen Werte berücksichtigen? Wer trägt die Verantwortung, wenn eine KI eine falsche oder sogar schädliche Entscheidung trifft? Und was geschieht, wenn Maschinen ethische Dilemmas bewältigen müssen, für die es keine einfachen Antworten gibt?

Diese Fragen sind nicht theoretisch, sondern drängend. KI-Systeme werden bereits in Bereichen eingesetzt, die direkt unser Leben und unsere Freiheit betreffen: in der Justiz, in der Gesundheitsversorgung, in der Überwachung. Entscheidungen, die früher von Menschen getroffen wurden, werden zunehmend an Algorithmen delegiert. Doch können wir wirklich akzeptieren, dass eine Maschine entscheidet, wer ins Gefängnis kommt, wer medizinische Behandlung erhält oder wer überwacht wird?

Die Sicherheitsdimension

Neben der Ethik steht die Sicherheit im Zentrum der KI-Debatte. Eine Welt, in der KI allgegenwärtig ist, ist auch eine Welt voller Risiken. Algorithmen können manipuliert, Daten gestohlen und Systeme gehackt werden. Cyberangriffe, die durch KI verstärkt werden, können weitreichende Schäden verursachen – von gestörten Infrastrukturen bis hin zu gezielten Manipulationen von Menschenmassen durch Desinformation. Die Gefahr ist real, und sie wächst mit jedem Fortschritt der Technologie.

Doch nicht nur externe Bedrohungen stellen ein Risiko dar. Auch die interne Sicherheit von KI-Systemen ist kritisch. Wenn wir nicht verstehen, wie ein Algorithmus zu seinen Entscheidungen kommt, wie können wir dann sicher sein, dass diese Entscheidungen korrekt und fair sind? Der Mangel an Transparenz – die sogenannte „Black Box" der KI – gefährdet nicht nur das Vertrauen, sondern auch die Sicherheit der Systeme selbst. Ohne nachvollziehbare Entscheidungsprozesse öffnen wir Tür und Tor für Missbrauch und Fehlentwicklungen.

Die Verantwortung der Menschheit

Angesichts dieser Herausforderungen stehen wir an einem entscheidenden Punkt. Künstliche Intelligenz ist weder gut noch böse – sie ist ein Werkzeug. Doch wie wir dieses Werkzeug einsetzen, wird darüber entscheiden, ob es unsere Welt verbessert oder verschlechtert. Diese Verantwortung liegt bei uns: bei Entwicklern, die sicherstellen müssen, dass KI-Systeme ethisch und sicher gestaltet sind. Bei Unternehmen, die ihre Produkte verantwortungsvoll einsetzen. Und bei Regierungen, die klare Leitplanken schaffen müssen, um Missbrauch zu verhindern.

Doch auch wir als Gesellschaft tragen Verantwortung. Es reicht nicht, KI als eine abstrakte Technologie zu betrachten, die „andere" gestalten. Wir müssen uns aktiv mit den ethischen und sicherheitstechnischen Fragen auseinandersetzen und sicherstellen, dass unsere Werte und Rechte in einer zunehmend automatisierten Welt gewahrt bleiben.

Ein Weckruf für die Menschheit

Dieses Buch ist ein Weckruf. Es ist ein Aufruf, die Chancen der Künstlichen Intelligenz zu erkennen, aber auch ihre Risiken nicht zu ignorieren. Es ist eine Einladung, Verantwortung zu übernehmen – als Entwickler, Berater, Entscheidungsträger und Bürger. Denn die Zukunft der KI ist nicht nur eine Frage technologischen Fortschritts. Sie ist eine Frage der Ethik, der Sicherheit und letztlich unserer Menschlichkeit.

Am Anfang dieser Reise steht keine fertige Lösung, sondern eine Frage: Können wir eine Welt gestalten, in der Maschinen uns nicht ersetzen, sondern ergänzen? Eine Welt, in der Technologie nicht über uns herrscht, sondern uns dient? Dieses Buch ist eine Erkundung dieser Fragen – nicht nur, um die Technologie zu verstehen, sondern um eine Zukunft zu schaffen, die sicher, gerecht und menschlich ist. Denn die Verantwortung, wie wir KI einsetzen, liegt nicht in den Händen der Algorithmen. Sie liegt in unseren Händen.

1 Einleitung: Die Doppelklinge der KI

1.1 Die transformative Kraft von KI: Chancen und Risiken

Künstliche Intelligenz (KI) steht im Zentrum einer technologischen Revolution, die unser Leben auf nahezu allen Ebenen beeinflusst – von der Art, wie wir arbeiten und kommunizieren, bis hin zu grundlegenden gesell

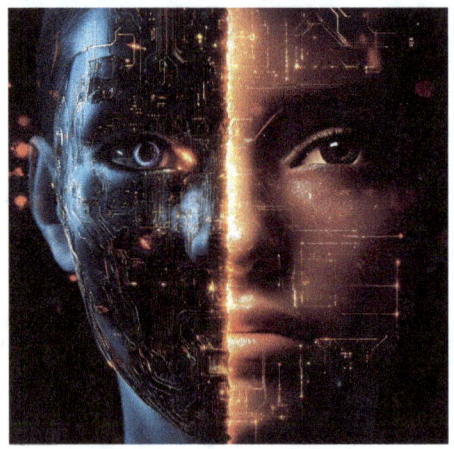

schaftlichen und wirtschaftlichen Strukturen. KI ist kein Nischenthema mehr; sie ist zu einer allgegenwärtigen Kraft geworden, die Fortschritt und Innovation antreibt. Doch mit dieser Macht kommt eine ebenso große Verantwortung, denn wie jedes mächtige Werkzeug besitzt auch KI zwei Seiten: die der Chance und die des Risikos. Diese doppelte Natur, diese „Doppelklinge", macht sie zu einem der komplexesten und kontroversesten Themen unserer Zeit.

1.1.1 Die Chancen der Künstlichen Intelligenz

KI birgt ein enormes Potenzial, die Lebensqualität von Milliarden von Menschen zu verbessern. Sie ist in der Lage, komplexe Probleme schneller und präziser zu lösen, als es dem menschlichen Verstand je möglich wäre. Zu den greifbaren Chancen gehören:

a) Medizinische Durchbrüche:
KI wird bereits erfolgreich zur Diagnose und Behandlung schwerwiegender Erkrankungen eingesetzt. Durch den

Einsatz von Machine-Learning-Algorithmen können Muster in medizinischen Daten erkannt werden, die Ärzten bislang verborgen blieben.

Fortschritte in der personalisierten Medizin: KI hilft dabei, maßgeschneiderte Therapien für einzelne Patienten zu entwickeln, die auf ihren genetischen Informationen basieren.

Robotik in der Chirurgie: Präzise KI-gesteuerte chirurgische Systeme revolutionieren die Art, wie Operationen durchgeführt werden, und minimieren Risiken.

b) Effizienz in Wirtschaft und Industrie:

KI steigert die Produktivität, indem sie Prozesse automatisiert und optimiert. In der Produktion ermöglichen KI-gesteuerte Roboter eine effizientere Fertigung und weniger Ausschuss.

Im Handel wird KI genutzt, um präzisere Vorhersagen über Nachfrage, Lagerbestand und Kundentrends zu treffen.

c) Klimaschutz und Nachhaltigkeit:

KI kann große Datenmengen analysieren, um Lösungen für den Klimawandel zu entwickeln. Sie wird eingesetzt, um erneuerbare Energiequellen effizienter zu nutzen, den Wasserverbrauch zu optimieren oder den CO_2-Fußabdruck von Unternehmen zu reduzieren.

d) Bildung und Wissenserweiterung:

Mit personalisierten Lernplattformen und intelligenten Tutoren bietet KI eine nie dagewesene Möglichkeit, Bildung weltweit zugänglich und individuell zugeschnitten zu machen.

Übersetzungstools und Spracherkennungssoftware beseitigen Sprachbarrieren und fördern die globale Zusammenarbeit.

1.1.2   Die Risiken der Künstlichen Intelligenz

So beeindruckend die Chancen auch sind, die Risiken sind

ebenso bedeutsam. KI ist nicht nur eine Quelle für Fortschritt, sondern auch eine potenzielle Bedrohung, wenn sie unreguliert, falsch oder missbräuchlich eingesetzt wird:

a) Ethik und Diskriminierung:

KI-Systeme übernehmen oft die Vorurteile und Verzerrungen aus den Daten, mit denen sie trainiert werden. Dies führt zu diskriminierenden Entscheidungen, sei es bei der Vergabe von Krediten, der Einstellung von Mitarbeitern oder in polizeilichen Anwendungen.

Die mangelnde Transparenz vieler Algorithmen – sogenannte „Black Boxes" – macht es schwer, Entscheidungen nachzuvollziehen und ethische Grundsätze zu wahren.

b) Arbeitsplatzverlust und Ungleichheit:

Die Automatisierung durch KI bedroht Millionen von Arbeitsplätzen, insbesondere in Bereichen wie der Fertigung, der Logistik und sogar in der Verwaltung.

Diese Entwicklung kann soziale Ungleichheiten verschärfen, da die Vorteile von KI oft nur wenigen zugutekommen, während viele andere ins Hintertreffen geraten.

c) Technologiemissbrauch:

KI kann für destruktive Zwecke genutzt werden, z. B. für Cyberangriffe, Überwachung oder die Erstellung von Desinformationen (z. B. Deepfakes). Die Manipulation durch KI-gesteuerte Systeme könnte demokratische Prozesse gefährden und soziale Spannungen verschärfen.

Autonome Waffensysteme sind eine der gefährlichsten Anwendungen von KI, da sie Entscheidungen über Leben und Tod ohne menschliches Eingreifen treffen können.

d) Verlust menschlicher Kontrolle:

Mit dem Fortschritt von KI-Systemen besteht die Gefahr, dass diese zu komplex werden, um von Menschen vollständig verstanden oder kontrolliert zu werden. Die Abhängigkeit von KI-Entscheidungen könnte dazu führen, dass der Mensch zunehmend Verantwortung abgibt und sich blind auf Algorithmen verlässt.

1.1.3 Ein Balanceakt zwischen Chance und Risiko

Die transformative Kraft der KI ist unbestreitbar, aber wie bei jeder neuen Technologie liegt es in unserer Verantwortung, sie sinnvoll zu nutzen. Die Frage ist nicht, ob wir KI einsetzen, sondern wie wir sie einsetzen. Wird sie ein Werkzeug, das unsere Welt verbessert, oder ein Instrument, das Ungleichheit, Unsicherheit und Konflikte verstärkt?

Um dies zu entscheiden, müssen wir uns den schwierigen Fragen stellen: Wie definieren wir Verantwortung in einer Welt, in der Maschinen Entscheidungen treffen? Wie stellen wir sicher, dass KI-Systeme inklusiv, sicher und ethisch bleiben? Und wie können wir die Risiken minimieren, ohne die Chancen zu ersticken?

Dieses Buch ist ein Versuch, diese Fragen zu beantworten. Es lädt Sie ein, die Doppelnatur der KI zu erkunden – die Klinge, die Fortschritt bringt, und die, die schneidet. Nur indem wir uns ihrer vollen Komplexität bewusst sind, können wir den Weg in eine Zukunft gestalten, in der KI uns dient und nicht dominiert.

1.2 Warum Ethik, Sicherheit und Validierung im Zentrum der Debatte stehen

Die Diskussion um Künstliche Intelligenz (KI) dreht sich nicht nur um technologische Fortschritte, sondern vor allem um die zentralen Werte, die eine Gesellschaft definieren: Ethik, Sicherheit und die Fähigkeit, Vertrauen in Systeme aufzubauen, die wir zunehmend in kritischen Lebensbereichen einsetzen. Diese Themen sind nicht nur Begleiterscheinungen der KI-

Entwicklung – sie stehen im Kern der gesamten Debatte. Ohne sie könnte die KI, anstatt Fortschritt zu fördern, ungewollt Schaden anrichten, das Vertrauen der Öffentlichkeit zerstören und bestehende Ungleichheiten vertiefen.

1.2.1 Ethik: Der moralische Kompass der KI

Künstliche Intelligenz hat die Fähigkeit, Entscheidungen zu treffen, die weitreichende Konsequenzen für Einzelpersonen und ganze Gesellschaften haben können. Ob bei der Bewertung eines Kreditantrags, der Priorisierung medizinischer Behandlungen oder der polizeilichen Überwachung – KI-Systeme beeinflussen zunehmend Bereiche, die eng mit unseren moralischen und gesellschaftlichen Werten verknüpft sind. Doch KI ist von Natur aus wertneutral. Sie kennt weder Mitgefühl noch Gerechtigkeit, sondern agiert ausschließlich auf Basis der Daten, mit denen sie trainiert wurde.

Dies wirft die zentrale Frage auf: Wie können wir sicherstellen, dass KI-Systeme mit menschlichen Werten im Einklang stehen? Wie verhindern wir, dass sie Entscheidungen treffen, die grundlegende Prinzipien wie Gleichheit, Gerechtigkeit und Respekt verletzen? Die Integration von Ethik in die Entwicklung und Nutzung von KI ist daher nicht nur eine Option – sie ist eine unverzichtbare Voraussetzung, um sicherzustellen, dass Technologie im Dienst der Menschlichkeit bleibt.

a) Menschliche Werte und KI-Entscheidungen:

KI-Systeme treffen Entscheidungen, die weitreichende Auswirkungen auf das Leben von Menschen haben können – sei es in der Gesundheitsversorgung, im Justizwesen oder bei der Vergabe von Krediten. Diese Entscheidungen müssen mit den Grundwerten unserer Gesellschaft übereinstimmen, wie Gerechtigkeit, Respekt und Gleichheit.

Doch wie können wir sicherstellen, dass Maschinen diese Werte verstehen oder umsetzen? KI ist von Natur aus wertneutral –

sie handelt basierend auf Daten, die ihr zur Verfügung gestellt werden. Aber diese Daten sind oft geprägt von den Vorurteilen und Verzerrungen der menschlichen Welt, aus der sie stammen.

b) Mangelnde Transparenz:
Viele KI-Modelle funktionieren wie „Black Boxes": Sie liefern Ergebnisse, ohne dass die genauen Entscheidungswege nachvollziehbar sind. Diese Intransparenz stellt eine große ethische Herausforderung dar. Wie können wir eine Technologie vertrauen, deren Funktionsweise wir nicht verstehen?

c) Diskriminierung und Bias:
KI kann bestehende Vorurteile verstärken, anstatt sie zu korrigieren. Diskriminierende Algorithmen bei der Rekrutierung, Kreditvergabe oder Strafverfolgung sind bereits dokumentiert. Die Frage, wie wir KI so gestalten können, dass sie fair und inklusiv ist, bleibt eine der größten ethischen Herausforderungen.

1.2.2 Sicherheit: Vertrauen in ein komplexes System

Die Sicherheit von Künstlicher Intelligenz ist nicht nur eine technische Herausforderung, sondern eine zentrale Voraussetzung für das Vertrauen in diese Technologie. KI-Systeme durchdringen immer mehr Bereiche unseres Lebens, von der medizinischen Diagnostik bis hin zu autonomen Fahrzeugen. Doch je größer ihre Reichweite und ihre Komplexität, desto gravierender sind die Risiken, die mit einem möglichen Versagen oder Missbrauch einhergehen.

Wie können wir sicherstellen, dass diese Systeme robust, zuverlässig und gegen Manipulation geschützt sind? Wie vermeiden wir, dass sie zu Werkzeugen destruktiver Akteure werden? Die Frage nach der Sicherheit von KI ist eng mit der Frage nach ihrer Verantwortung verbunden – und letztlich mit dem Maß an Vertrauen, das wir ihr entgegenbringen können. Denn nur wenn wir KI-Systeme als sicher empfinden, werden wir bereit sein, sie in die sensibelsten Bereiche unseres Lebens zu integrieren:

a) Cybersecurity:
KI-Systeme sind potenzielle Ziele für Cyberangriffe. Manipulationen können verheerende Auswirkungen haben, besonders wenn KI in kritischen Infrastrukturen wie Energieversorgung, Gesundheitswesen oder Verkehr eingesetzt wird. Wie können wir sicherstellen, dass diese Systeme robust und widerstandsfähig gegenüber Angriffen sind?

b) Technologiemissbrauch:
KI kann gezielt für destruktive Zwecke eingesetzt werden. Deepfakes, Desinformationskampagnen oder autonome Waffensysteme sind Beispiele dafür, wie KI missbraucht werden kann, um Chaos zu stiften oder soziale Spannungen zu verschärfen. Sicherheit bedeutet daher nicht nur technische Robustheit, sondern auch die Prävention von Missbrauch.

c) Unkontrollierbare Systeme:
KI-Systeme werden immer komplexer, und ihre Ergebnisse sind nicht immer vorhersehbar. Die Sorge wächst, dass der Mensch irgendwann die Kontrolle über Systeme verliert, die er selbst geschaffen hat. Sicherheit muss daher auch bedeuten, dass wir Mechanismen entwickeln, um diese Technologien zu kontrollieren und einzuschränken.

1.2.3 Validierung: Der Schlüssel zu Vertrauen

In einer Welt, in der Künstliche Intelligenz immer häufiger Entscheidungen trifft, die unser Leben und unsere Gesellschaft beeinflussen, ist Vertrauen der zentrale Faktor für ihre Akzeptanz. Doch Vertrauen in eine Technologie, deren

Entscheidungsprozesse oft nicht vollständig nachvollziehbar sind, muss erarbeitet werden – und genau hier kommt die Validierung ins Spiel.

Validierung bedeutet weit mehr als ein einfacher Testlauf oder ein Qualitätssiegel. Sie ist der Prozess, durch den nachgewiesen wird, dass ein KI-System zuverlässig, sicher und auf die beabsichtigten Ergebnisse ausgerichtet ist. Ob in der Medizin, der Automobilindustrie oder bei autonomen Waffensystemen: Validierung schafft die Grundlage dafür, dass wir uns auf KI-Systeme verlassen können – nicht nur in ihrer Funktion, sondern auch in ihrer Übereinstimmung mit ethischen und rechtlichen Standards. Sie ist der Schlüssel zu einem verantwortungsvollen und vertrauenswürdigen Einsatz von KI.

a) Warum Validierung entscheidend ist:

Validierung bedeutet, sicherzustellen, dass ein KI-System tut, was es soll – und nichts anderes. In sicherheitskritischen Bereichen wie Medizin oder Luftfahrt ist die Validierung von Software längst ein Standard. Für KI-Systeme, deren Entscheidungswege oft weniger transparent sind, wird sie noch wichtiger.

Validierung umfasst Aspekte wie Genauigkeit, Zuverlässigkeit und Compliance mit regulatorischen Anforderungen. Es ist der Prozess, der Vertrauen in ein ansonsten undurchsichtiges System schafft.

b) Nachhaltige Validierung durch risikobasierte Ansätze:

Ein einheitlicher Ansatz für die Validierung aller KI-Systeme ist nicht praktikabel. Stattdessen müssen risikobasierte Modelle herangezogen werden, bei denen die Kritikalität einer Anwendung bewertet wird. Je höher das Risiko, desto strenger müssen die Validierungsprozesse sein.

Validierung endet nicht mit der Freigabe eines Systems. KI-Modelle müssen kontinuierlich überwacht, getestet und aktualisiert werden, um sicherzustellen, dass sie auch in veränderten Umgebungen korrekt funktionieren.

c) Die Rolle von Herstellern und Nutzern:

Hersteller von KI-Systemen tragen die Verantwortung, ihre Produkte gründlich zu testen und die Ergebnisse zu dokumentieren. Doch die endgültige Validierung liegt oft in den Händen der Nutzer, die beurteilen müssen, wie kritisch die Anwendung für ihre Prozesse ist. Diese gemeinsame Verantwortung erfordert klare Leitlinien, Transparenz und Zusammenarbeit.

1.2.4 Warum Ethik, Sicherheit und Validierung zusammengehören

Diese drei Säulen – Ethik, Sicherheit und Validierung – sind untrennbar miteinander verbunden. Ethik sorgt dafür, dass die Ziele von KI-Systemen mit den Werten der Gesellschaft übereinstimmen. Sicherheit stellt sicher, dass diese Systeme vor externen und internen Gefahren geschützt sind. Validierung ist das Werkzeug, das Vertrauen in die Technologie schafft, indem es nachweist, dass diese Ziele zuverlässig erreicht werden können.

Ohne Ethik könnte KI zu einem Werkzeug der Ungerechtigkeit und Diskriminierung werden. Ohne Sicherheit könnte sie zu einer Bedrohung für ganze Gesellschaften werden. Und ohne Validierung bleibt sie ein undurchsichtiges und unberechenbares System, dem niemand wirklich vertrauen kann.

Indem Ethik, Sicherheit und Validierung ins Zentrum der KI-Debatte gestellt werden, schaffen wir eine Grundlage, auf der diese mächtige Technologie verantwortungsvoll gestaltet und eingesetzt werden kann. Nur so können wir sicherstellen, dass KI uns nicht dominiert, sondern uns unterstützt – als Werkzeug, das die menschlichen Werte und Errungenschaften bewahrt und stärkt.

1.3 Zielsetzung und Leitfragen des Buches

Die rasante Entwicklung der Künstlichen Intelligenz (KI) hat unser Leben und unsere Gesellschaft bereits tiefgreifend verändert – und sie wird dies auch in Zukunft tun. Doch dieser Fortschritt wirft drängende Fragen auf: Wie können wir sicherstellen, dass KI-Systeme nicht nur funktional, sondern auch ethisch korrekt und sicher sind? Wie gehen wir mit den Risiken um, die von KI ausgehen? Und welche Verantwortung tragen wir – als Entwickler, Anwender und Regulierer – in einer Welt, die zunehmend von Algorithmen geprägt wird?

Dieses Buch hat das Ziel, Antworten auf diese komplexen Fragen zu finden, Orientierung zu bieten und eine Grundlage für einen verantwortungsvollen Umgang mit KI zu schaffen. Dabei liegt der Fokus nicht nur auf den technologischen Möglichkeiten, sondern vor allem auf den ethischen und sicherheitstechnischen Herausforderungen, die diese Technologien mit sich bringen. Die Zielsetzung ist es, eine kritische, aber lösungsorientierte Perspektive zu entwickeln, die die Leser dazu befähigt, fundierte Entscheidungen im Umgang mit KI zu treffen.

1.3.1 Zielsetzung des Buches

a) Bewusstsein schaffen:

Dieses Buch möchte aufzeigen, dass KI kein abstraktes Zukunftsthema mehr ist, sondern unsere Realität prägt. Es soll ein Bewusstsein dafür schaffen, wie weitreichend die Auswirkungen von KI bereits heute sind – sei es in der Arbeitswelt, im Gesundheitswesen, in der Bildung oder im öffentlichen Diskurs.

Es soll verdeutlichen, dass KI nicht nur eine technologische, sondern auch eine gesellschaftliche und moralische

Herausforderung darstellt.

b) Chancen und Risiken beleuchten:
Die Leser sollen ein klares Verständnis dafür entwickeln, welche Chancen KI bietet – von der Optimierung von Prozessen bis hin zur Lösung globaler Probleme wie Klimawandel oder Pandemien.

Gleichzeitig werden die potenziellen Risiken offengelegt: Diskriminierung, Verlust von Arbeitsplätzen, technologischer Missbrauch und die Gefahr, dass KI-Systeme außer Kontrolle geraten.

c) Verantwortung definieren:
Das Buch möchte die Verantwortung aller Akteure in der KI-Debatte aufzeigen: der Entwickler, der Unternehmen, der Regierungen und der Gesellschaft. Es betont, dass ein verantwortungsvoller Umgang mit KI nur durch Zusammenarbeit und klare Leitlinien möglich ist.

Es bietet praxisorientierte Ansätze, wie Ethik, Sicherheit und Validierung in die Entwicklung und Anwendung von KI integriert werden können.

d) Den Diskurs fördern:
Ziel ist es, eine Grundlage für einen gesellschaftlichen und politischen Diskurs zu schaffen. Es soll Leser dazu anregen, kritische Fragen zu stellen und die Gestaltung der KI-Welt aktiv mitzugestalten.

1.3.2 Leitfragen des Buches

a) Was bedeutet Ethik in einer KI-gesteuerten Welt?
- Wie können wir sicherstellen, dass KI-Systeme Entscheidungen treffen, die mit unseren moralischen

und gesellschaftlichen Werten im Einklang stehen?
- Welche ethischen Dilemmata entstehen, wenn Maschinen Entscheidungen treffen, die Menschen betreffen?

b) **Wie schaffen wir Vertrauen in KI-Systeme?**
- Welche Rolle spielen Transparenz, Sicherheit und Nachvollziehbarkeit bei der Etablierung von Vertrauen?
- Wie können wir die „Black Box" der KI öffnen und sicherstellen, dass Systeme erklärbar und verständlich bleiben?

c) **Wie bewahren wir die Kontrolle über KI?**
- Welche Mechanismen müssen entwickelt werden, um sicherzustellen, dass KI-Systeme nicht außer Kontrolle geraten?
- Wie können wir Missbrauch verhindern, sei es durch Cyberangriffe, Desinformation oder die Entwicklung gefährlicher Technologien wie autonomen Waffensystemen?

d) **Wie integrieren wir ethische Grundsätze in die Entwicklung und Nutzung von KI?**
- Welche konkreten Schritte müssen Entwickler und Unternehmen ergreifen, um Ethik in den Entwicklungsprozess zu integrieren?
- Wie können internationale Standards und Leitlinien entwickelt werden, die globale Herausforderungen adressieren?

e) **Welche Rolle spielen Sicherheit und Validierung im Umgang mit KI?**
- Wie können wir gewährleisten, dass KI-Systeme

robust und zuverlässig sind, insbesondere in sicherheitskritischen Bereichen wie Medizin, Verkehr oder Energieversorgung?
- Welche Bedeutung hat die kontinuierliche Überprüfung und Validierung von KI-Modellen, um ihre langfristige Sicherheit zu gewährleisten?

f) **Wie gestalten wir die Zukunft der KI verantwortungsvoll?**
- Welche politischen, sozialen und wirtschaftlichen Maßnahmen sind erforderlich, um die Vorteile der KI zu maximieren und die Risiken zu minimieren?
- Wie schaffen wir eine KI-Welt, die inklusiv, gerecht und nachhaltig ist?

1.3.3 Ein Buch als Kompass

Dieses Buch soll als eine Art „Kompass" dienen – ein unsichtbares, aber entscheidendes Werkzeug, das Orientierung in der komplexen Welt der Künstlichen Intelligenz bietet. Es möchte keine einfachen Antworten liefern, sondern die Leser dazu ermutigen, die schwierigen Fragen zu stellen und aktiv an der Gestaltung der KI-Zukunft mitzuwirken. Denn nur durch einen reflektierten und verantwortungsvollen Umgang mit KI können wir sicherstellen, dass diese Technologie nicht zur Bedrohung, sondern zu einem echten Fortschritt für die Menschheit wird.

2 Die Grundlagen verstehen

2.1 Was ist Künstliche Intelligenz?

Künstliche Intelligenz (KI) ist eine der bedeutendsten Technologien unserer Zeit – eine Innovation, die die Art und Weise, wie wir leben, arbeiten und denken, grundlegend verändert. Doch obwohl der Begriff „KI" allgegenwärtig ist, bleibt die Frage: Was genau ist Künstliche Intelligenz? Für manche ist sie ein Werkzeug, das Aufgaben automatisiert, für andere eine potenzielle Bedrohung oder ein Schlüssel zu unbegrenztem Fortschritt.

Im Kern bezeichnet KI die Fähigkeit von Maschinen, Aufgaben auszuführen, die normalerweise menschliche Intelligenz erfordern. Diese reicht von einfachen Mustern wie der Bilderkennung bis hin zu komplexen Entscheidungsprozessen, die Daten analysieren und Lösungen vorschlagen. KI ist nicht einfach ein einzelnes System, sondern ein breites Spektrum von Technologien und Konzepten, die darauf abzielen, Maschinen intelligenter zu machen.

In diesem Kapitel werfen wir einen Blick auf die Ursprünge, die grundlegenden Prinzipien und die Technologien hinter KI, um zu verstehen, wie sie funktioniert, warum sie so mächtig ist und welche Rolle sie in unserer Zukunft spielen könnte.

In diesem Kapitel werfen wir einen Blick auf die Ursprünge, die grundlegenden Prinzipien und die Technologien hinter KI, um zu verstehen, wie sie funktioniert, warum sie so mächtig ist und welche Verantwortung mit ihrer Nutzung einhergeht – denn je intelligenter die Maschinen werden, desto wichtiger wird die Frage nach der Ethik, die ihre Entwicklung und Anwendung leiten sollte.

2.1.1 Was ist KI-Ethik?

Künstliche Intelligenz (KI) ist längst nicht mehr nur ein technologisches Werkzeug; sie ist ein zentraler Bestandteil unserer Gesellschaft geworden. Von der Medizin über die Wirtschaft bis hin zur Strafverfolgung beeinflussen KI-Systeme heute Entscheidungen, die unser Leben prägen. Doch mit dieser Macht kommen große ethische Herausforderungen. KI-Ethik ist der Versuch, diese Herausforderungen zu definieren, zu analysieren und Lösungen zu finden, die sicherstellen, dass KI-Systeme im Einklang mit menschlichen Werten, moralischen Prinzipien und gesellschaftlichen Normen stehen.

KI-Ethik beschäftigt sich mit der Frage, wie KI-Systeme entwickelt, eingesetzt und reguliert werden sollten, um Schaden zu minimieren und gleichzeitig ihren Nutzen zu maximieren. Sie ist ein interdisziplinäres Feld, das Erkenntnisse aus Philosophie, Informatik, Sozialwissenschaften, Recht und anderen Bereichen zusammenführt, um Leitlinien für den verantwortungsvollen Umgang mit KI zu schaffen.

2.1.2 Die Grundprinzipien der KI-Ethik

Die KI-Ethik basiert auf einer Reihe von Grundprinzipien, die in der Praxis immer wieder neu interpretiert und angepasst werden müssen:

a) Transparenz:

KI-Systeme sollten verständlich und nachvollziehbar sein. Dies bedeutet, dass Entscheidungen, die durch Algorithmen getroffen werden, erklärt und geprüft werden können müssen. Ein Beispiel hierfür ist der Einsatz von KI bei der Kreditvergabe: Wenn einem Antragsteller ein Kredit verweigert wird, sollte nachvollziehbar sein, warum der Algorithmus diese Entscheidung getroffen hat.

b) Fairness:

KI-Systeme dürfen keine diskriminierenden oder voreingenommenen Entscheidungen treffen. Ein klassisches Beispiel sind Einstellungstools, die aufgrund von historischen Daten Frauen oder Minderheiten benachteiligen. KI-Ethik fordert, dass solche Verzerrungen durch sorgfältiges Datenmanagement und Algorithmendesign minimiert werden.

c) Verantwortung:

Es muss klar geregelt sein, wer die Verantwortung für die Entscheidungen eines KI-Systems trägt. Wenn ein autonomes Fahrzeug in einen Unfall verwickelt ist, stellt sich die Frage: Ist der Hersteller, der Programmierer oder der Nutzer verantwortlich? KI-Ethik verlangt, dass solche Verantwortlichkeiten im Voraus definiert werden.

d) Vertrauen:

KI-Systeme können nur dann breite Akzeptanz finden, wenn sie Vertrauen schaffen. Dieses Vertrauen basiert auf der Sicherheit, dass die Technologie korrekt, sicher und im besten Interesse der Menschen arbeitet.

e) Sicherheit:

KI-Systeme müssen robust und resistent gegen Angriffe oder Fehlfunktionen sein. Autonome Drohnen, die durch Cyberangriffe manipuliert werden könnten, zeigen, wie wichtig dieses Prinzip ist.

f) Menschliche Kontrolle:

Der Mensch sollte immer in der Lage sein, die Kontrolle über

KI-Systeme zu behalten. „Human-in-the-Loop"-Systeme stellen sicher, dass Menschen wichtige Entscheidungen überprüfen oder korrigieren können, bevor irreversible Konsequenzen entstehen.

2.1.3 Warum ist KI-Ethik so wichtig?

a) **Die Macht der Algorithmen:** KI hat die Fähigkeit, große Mengen an Daten in Sekundenbruchteilen zu analysieren und Entscheidungen zu treffen, die weitreichende Auswirkungen haben. Ein Beispiel ist die Anwendung von KI in der Strafverfolgung, wo Algorithmen Vorhersagen über potenzielle Kriminalität treffen. Solche Systeme können jedoch bestehende gesellschaftliche Vorurteile verstärken, wenn sie auf voreingenommenen Daten basieren.

b) **Globale Auswirkungen:** KI ist eine globale Technologie, die über Ländergrenzen hinweg eingesetzt wird. Dies bedeutet, dass Entscheidungen, die in einem Land getroffen werden, globale Auswirkungen haben können. Ethik hilft dabei, einen universellen Rahmen zu schaffen, der die verschiedenen kulturellen und gesellschaftlichen Werte berücksichtigt.

c) **Unvorhersehbare Risiken:** KI-Systeme entwickeln oft unvorhergesehene Verhaltensweisen, insbesondere wenn sie in komplexen Umgebungen eingesetzt werden. Ein bekanntes Beispiel ist das Microsoft-Chatbot-Experiment „Tay", das nach wenigen Stunden rassistische und beleidigende Äußerungen machte, weil es aus ungefilterten Online-Interaktionen lernte.

2.1.4 Beispiele für ethische Herausforderungen

a) **Gesichtserkennungstechnologien:** Gesichtserkennung wird zunehmend in Überwachungssystemen eingesetzt, oft ohne das Wissen oder die Zustimmung der Betroffenen. Dies wirft Fragen nach Privatsphäre und Freiheit auf. In autoritären Regimen wird diese Technologie beispielsweise verwendet, um politische Dissidenten zu verfolgen.

b) **Deepfakes und Desinformation:** KI kann realistische gefälschte Videos und Audiodateien erstellen, die zur Verbreitung von Fehlinformationen genutzt werden. Ein Beispiel sind gefälschte Videos von politischen Führern, die falsche Aussagen verbreiten. Dies bedroht nicht nur den gesellschaftlichen Diskurs, sondern auch die Demokratie.

c) **Autonome Waffen:** KI-gesteuerte Waffensysteme können ohne menschliches Eingreifen Ziele identifizieren und angreifen. Dies wirft grundlegende moralische Fragen auf: Sollten Maschinen über Leben und Tod entscheiden dürfen?

2.1.5 Wie wird KI-Ethik umgesetzt?

Die Integration von ethischen Prinzipien in die Entwicklung und Nutzung von Künstlicher Intelligenz (KI) ist mehr als ein idealistischer Anspruch – sie ist eine dringende Notwendigkeit, um das Vertrauen in diese transformative Technologie zu stärken und ihre Risiken zu minimieren. Angesichts der zunehmenden Bedeutung von KI in nahezu allen Lebensbereichen stellt sich die Frage, wie Ethik nicht nur diskutiert, sondern auch praktisch umgesetzt werden kann. Die Herausforderung liegt darin, abstrakte Werte wie Transparenz, Fairness und Sicherheit in greifbare Mechanismen zu übersetzen, die die Entwicklung und den Einsatz von KI-Systemen leiten.

Die Umsetzung von KI-Ethik erfolgt auf mehreren Ebenen. Internationale Organisationen und Regierungen entwickeln Richtlinien und Standards, die ethische Leitplanken für den Einsatz von KI setzen. Unternehmen und Institutionen ergänzen diese Ansätze durch die Einrichtung von Ethik-Kommissionen, die spezifische Anwendungen bewerten und überwachen. Technologische Fortschritte, wie der Ansatz der „explainable AI" (XAI), bieten zudem innovative Werkzeuge, um die Nachvollziehbarkeit und Transparenz von KI-Systemen zu verbessern.

Diese Maßnahmen sind jedoch keine isolierten Schritte, sondern Teile eines umfassenden Rahmens, der sicherstellt, dass KI nicht nur leistungsstark, sondern auch verantwortungsvoll eingesetzt wird. Im Folgenden wird untersucht, wie diese Ansätze in der Praxis umgesetzt werden und welchen Beitrag sie leisten, um ethische Prinzipien in die Welt der KI zu integrieren.

a) Richtlinien und Standards:
Viele Organisationen, darunter die Europäische Union und Unternehmen entwickeln ethische Leitlinien für den Einsatz von KI. Diese Leitlinien fordern Transparenz, Fairness und Sicherheit in der KI-Entwicklung.

b) Ethik-Kommissionen:
Unternehmen und Regierungen setzen Ethik-Kommissionen ein, um den Einsatz von KI zu überwachen. Diese Kommissionen bestehen oft aus Experten aus verschiedenen Disziplinen, die potenzielle Risiken und Vorteile abwägen.

c) Technologische Lösungen:
„Explainable AI" (XAI) ist ein Ansatz, um die Transparenz von KI-Systemen zu verbessern. Es ermöglicht Nutzern, die Entscheidungsprozesse von KI besser zu verstehen.

2.1.6 Ein Ausblick: Die Zukunft der KI-Ethik

KI-Ethik ist keine einmalige Aufgabe, sondern ein kontinuierlicher Prozess. Die Technologie entwickelt sich schneller, als regulatorische und ethische Rahmenwerke Schritt halten können. Daher wird es immer wichtiger, dass Entwickler, Unternehmen, Regierungen und die Gesellschaft zusammenarbeiten, um sicherzustellen, dass KI im Dienste der Menschheit steht. Dieses Buch möchte einen Beitrag dazu leisten, diese Diskussion voranzutreiben und eine Grundlage für den verantwortungsvollen Umgang mit KI zu schaffen. Denn letztendlich geht es darum, eine Technologie zu gestalten, die unsere Werte nicht nur spiegelt, sondern sie auch schützt.

2.1.7 Die Grundsätze für KI-Ethik

Die Ethik der Künstlichen Intelligenz ist tief verwoben mit den grundlegenden Werten und Normen, die unsere Gesellschaft prägen. KI ist kein abstraktes Konzept mehr; sie trifft Entscheidungen, die unser Leben beeinflussen, und übernimmt Aufgaben, die einst nur Menschen vorbehalten waren. Daher müssen klare ethische Grundsätze definiert werden, die als Leitlinien für die Entwicklung und den Einsatz dieser Technologie dienen.

Ein zentraler Grundsatz der KI-Ethik ist die Transparenz. KI-Systeme müssen so gestaltet sein, dass ihre Entscheidungen nachvollziehbar sind. Wenn Algorithmen zum Beispiel darüber entscheiden, ob ein Kredit genehmigt wird oder nicht, ist es von entscheidender Bedeutung, dass diese Entscheidung nicht in einer „Black Box" verborgen bleibt. Die Menschen, die von diesen Entscheidungen betroffen sind, haben ein Recht darauf zu verstehen, warum und wie ein Algorithmus zu einem bestimmten Ergebnis gekommen ist. Transparenz schafft Vertrauen und stellt sicher, dass Verantwortlichkeiten klar definiert sind.

Ein weiterer essenzieller Grundsatz ist die Fairness. KI sollte nicht dazu beitragen, bestehende Ungleichheiten zu verschärfen oder Diskriminierung zu fördern. Doch genau das kann passieren, wenn KI auf Basis von Daten arbeitet, die Vorurteile oder strukturelle Ungerechtigkeiten widerspiegeln. Fairness bedeutet in diesem Zusammenhang, dass die Daten, die KI-Systeme trainieren, sorgfältig geprüft und bereinigt werden, um Verzerrungen zu vermeiden. Außerdem müssen die Algorithmen so programmiert werden, dass sie die Interessen aller Betroffenen berücksichtigen und niemanden benachteiligen.

Verantwortung ist ein weiterer Grundpfeiler der KI-Ethik. Während KI-Entscheidungen in Sekundenschnelle treffen kann, bleibt die Verantwortung für diese Entscheidungen letztendlich beim Menschen. Es muss klar geregelt sein, wer die

Verantwortung trägt – sei es der Entwickler, das Unternehmen, das die Technologie einsetzt, oder der Nutzer. Verantwortung bedeutet auch, dass die Entwickler sicherstellen müssen, dass ihre Systeme robust, sicher und für ihren vorgesehenen Zweck geeignet sind. Gleichzeitig müssen Unternehmen sicherstellen, dass sie ihre Technologien nicht missbräuchlich einsetzen.

Sicherheit ist ein zentraler Bestandteil jeder ethischen Diskussion über KI. KI-Systeme müssen so entwickelt werden, dass sie vor Missbrauch und Manipulation geschützt sind. Sie müssen robust genug sein, um gegen Cyberangriffe standzuhalten, und zuverlässig genug, um in kritischen Situationen wie der medizinischen Diagnostik oder im autonomen Fahren keine falschen Entscheidungen zu treffen. Sicherheit geht jedoch über die technische Dimension hinaus. Sie umfasst auch den Schutz der Privatsphäre und der Daten derjenigen, die mit KI-Systemen interagieren.

Nicht zuletzt betont die KI-Ethik die Bedeutung menschlicher Kontrolle. So fortschrittlich KI auch sein mag, sie bleibt ein Werkzeug. Menschen müssen immer in der Lage sein, die Kontrolle über KI-Systeme zu behalten und Entscheidungen zu korrigieren, insbesondere in Situationen mit potenziell schwerwiegenden Folgen. Dieser Grundsatz sichert nicht nur die menschliche Souveränität, sondern schützt auch vor den unvorhersehbaren Konsequenzen eines vollständig autonomen Systems.

Zusammen bilden diese Grundsätze das ethische Fundament, das sicherstellt, dass KI im Einklang mit menschlichen Werten entwickelt und genutzt wird. Sie sind keine optionalen Richtlinien, sondern essenzielle Bedingungen, um Vertrauen in diese transformative Technologie zu schaffen und ihre Chancen zu maximieren, während ihre Risiken minimiert werden.

2.1.8 Die Geschichte der KI in Kürze

Die Geschichte der Künstlichen Intelligenz ist die Geschichte eines Menschheitstraums: die Erschaffung von Maschinen, die denken, lernen und handeln können wie wir. Dieser Traum, der einst nur in den Mythen und Legenden der Antike existierte, begann sich im 20. Jahrhundert mit den Fortschritten in Mathematik, Logik und Informatik in eine greifbare Realität zu verwandeln.

Die Wurzeln der KI reichen bis zu den Arbeiten von Mathematikern wie Alan Turing zurück, dessen berühmter „Turing-Test" bereits 1950 die Frage aufwarf, ob Maschinen so intelligent handeln könnten, dass ein Mensch nicht mehr zwischen einer Maschine und einem anderen Menschen unterscheiden könnte. Turing legte mit seiner Theorie der Berechenbarkeit und seiner Vision einer „universellen Maschine" den Grundstein für die heutige KI-Forschung.

Der offizielle Beginn der Künstlichen Intelligenz als wissenschaftliche Disziplin wird oft auf das Jahr 1956 datiert, als auf der „Dartmouth Conference" erstmals der Begriff „Artificial Intelligence" verwendet wurde. Diese Konferenz brachte einige der einflussreichsten Köpfe der damaligen Zeit zusammen, darunter John McCarthy, Marvin Minsky und Allen Newell, die die Grundlagen für viele der Konzepte legten, die KI bis heute definieren. Ziel dieser Pioniere war es, Maschinen zu bauen, die komplexe Probleme lösen, Sprache verstehen und eigenständig lernen können.

Die ersten Jahrzehnte der KI-Forschung waren geprägt von Optimismus. In den 1960er und 1970er Jahren entstanden die ersten Programme, die spezifische Aufgaben mit erstaunlicher Präzision lösten, etwa Schachprogramme oder Systeme zur mathematischen Beweisführung. Gleichzeitig wurden jedoch auch die Grenzen dieser frühen Systeme sichtbar. Die Rechenleistung war begrenzt, die Algorithmen waren nicht flexibel, und die Systeme scheiterten oft an der Komplexität der realen Welt. Diese Herausforderungen führten in den 1970er und 1980er Jahren zu einer Phase, die als „KI-Winter" bekannt wurde, in der die Begeisterung für KI nachließ und die finanzielle Unterstützung schrumpfte.

Die Wiederbelebung der KI begann in den 1990er Jahren mit der Verfügbarkeit leistungsfähigerer Computer und größerer Datenmengen. Besonders das Feld des maschinellen Lernens rückte in den Fokus, das es Maschinen ermöglichte, aus Daten zu lernen und ihre Leistung kontinuierlich zu verbessern. Ein Meilenstein war der Sieg des IBM-Computers Deep Blue über den Schachweltmeister Garry Kasparov im Jahr 1997. Dies war ein eindrucksvoller Beweis dafür, dass Maschinen nicht nur komplexe Berechnungen durchführen, sondern auch Strategien entwickeln konnten.

Der wahre Durchbruch der KI kam jedoch im 21. Jahrhundert mit der Entwicklung von neuronalen Netzwerken und Deep Learning. Diese Technologien ermöglichten es Maschinen, Muster in riesigen Datenmengen zu erkennen und Aufgaben wie Spracherkennung, Bildanalyse und Übersetzung auf menschlichem Niveau zu bewältigen. Der Erfolg von Systemen wie Googles AlphaGo, das 2016 den besten menschlichen Go-Spieler besiegte, zeigte, wie weit die KI inzwischen gekommen war. Gleichzeitig fanden KI-Anwendungen Eingang in den Alltag: von virtuellen Assistenten wie Siri und Alexa über personalisierte Empfehlungen auf Streaming-Plattformen bis hin zu selbstfahrenden Autos.

Doch mit diesem Fortschritt wuchsen auch die Bedenken. Die Macht der Algorithmen, die Kontrolle über Daten und die potenziellen gesellschaftlichen Auswirkungen rückten zunehmend in den Mittelpunkt der Diskussion. Die Geschichte der KI ist daher nicht nur eine Geschichte technologischer Errungenschaften, sondern auch eine Geschichte ethischer und gesellschaftlicher Herausforderungen. Heute steht die KI an einem Punkt, an dem sie nicht mehr nur ein Werkzeug ist, sondern eine Technologie, die unsere Gesellschaft, unsere Werte und unsere Zukunft grundlegend mitgestaltet. Die Frage ist nicht mehr, ob KI ein integraler Bestandteil unseres Lebens sein wird, sondern wie wir sie nutzen, um unsere Welt verantwortungsvoll zu formen.

2.1.9 Grundprinzipien und Technologien hinter KI

Um Künstliche Intelligenz (KI) zu verstehen, ist es wichtig, ihre Grundprinzipien und Technologien nachvollziehbar zu erklären. Obwohl KI komplex erscheint, basiert sie auf Mechanismen, die auf klaren wissenschaftlichen Konzepten beruhen. KI ist im Kern die Fähigkeit von Maschinen, Aufgaben auszuführen, die normalerweise menschliche Intelligenz erfordern – wie Lernen, Problemlösen, Entscheiden und Wahrnehmen.

2.1.10 Wie „denkt" KI?

KI „denkt" nicht wie ein Mensch. Stattdessen verwendet sie mathematische und statistische Modelle, um Muster in Daten zu erkennen und auf dieser Basis Entscheidungen zu treffen oder Vorhersagen zu machen. Hierbei sind zwei zentrale Mechanismen entscheidend: **neuronale Netzwerke** und **Deep Learning**.

a) Neuronale Netzwerke – das Gehirn der KI

Neuronale Netzwerke sind von der Funktionsweise des menschlichen Gehirns inspiriert. Unser Gehirn besteht aus Milliarden von Neuronen, die miteinander verbunden sind und Informationen verarbeiten. Ein neuronales Netzwerk in der KI funktioniert ähnlich, aber auf einer vereinfachten Ebene.

Ein neuronales Netzwerk besteht aus:

- **Eingabeschichten**: Hier werden Daten wie Bilder, Texte oder Zahlen eingespeist. Beispielsweise könnten Pixelwerte eines Fotos oder Worte eines Satzes in das Netzwerk eingegeben werden.
- **Versteckte Schichten**: Diese Schichten enthalten viele künstliche „Neuronen", die die Informationen verarbeiten. Jedes Neuron in einer Schicht ist mit mehreren Neuronen in der nächsten Schicht

verbunden. Diese Verbindungen haben „Gewichte", die bestimmen, wie stark ein Neuron ein anderes beeinflusst.
- **Ausgabeschichten**: Hier wird das Ergebnis präsentiert. Bei einem Bild könnte das Netzwerk beispielsweise erkennen, ob ein Hund oder eine Katze darauf zu sehen ist.

Während des Lernens passt das Netzwerk die Gewichte der Verbindungen so an, dass die Vorhersagen immer genauer werden. Dieser Anpassungsprozess wird durch einen Mechanismus namens **Backpropagation** (Rückpropagierung) gesteuert. Das bedeutet, dass das Netzwerk bei falschen Vorhersagen lernt, die Verbindungen so zu verändern, dass die nächste Vorhersage besser wird.

b) **Deep Learning – der Schlüssel zu modernem KI-Fortschritt**

Deep Learning ist eine spezielle Art von maschinellem Lernen, bei dem neuronale Netzwerke mit vielen Schichten verwendet werden – daher der Begriff „Deep" (tief). Während einfache neuronale Netzwerke nur wenige Schichten haben, können Deep-Learning-Modelle Dutzende oder sogar Hunderte von Schichten umfassen. Jede dieser Schichten lernt, eine bestimmte Ebene von Informationen zu verarbeiten.

Ein Beispiel: Stellen Sie sich vor, ein Deep-Learning-Modell soll ein Bild eines Autos analysieren.
- Die **ersten Schichten** erkennen grundlegende Muster wie Linien, Ecken und Kanten.
- Die **mittleren Schichten** identifizieren komplexere Strukturen wie Reifen oder Fenster.
- Die **letzten Schichten** setzen diese Informationen zusammen, um zu bestimmen, dass es sich um ein Auto handelt.

Diese mehrschichtige Verarbeitung macht Deep Learning so leistungsstark. Es ermöglicht Maschinen, unglaublich komplexe

Muster zu erkennen und Aufgaben wie Gesichtserkennung, Spracherkennung oder medizinische Diagnosen durchzuführen, die zuvor undenkbar waren.

2.1.11 Wie erlernt KI Wissen?

Das „Wissen" einer KI basiert auf Daten. Je mehr Daten eine KI hat, desto besser kann sie lernen. Dieser Prozess funktioniert in drei grundlegenden Schritten:

a) **Training:**

Die KI wird mit großen Mengen an Daten gefüttert. Diese Daten könnten aus Bildern, Texten oder numerischen Werten bestehen. Zum Beispiel könnte eine KI, die Katzen erkennen soll, mit tausenden Bildern von Katzen trainiert werden.

Während des Trainings passt die KI ihre internen Verbindungen (Gewichte) an, um die Muster in den Daten zu lernen.

b) **Validierung:**

Nach dem Training wird die KI mit neuen Daten getestet, um sicherzustellen, dass sie das Gelernte auf unbekannte Situationen anwenden kann. Beispielsweise könnte man der KI ein Bild einer Katze zeigen, die sie noch nie gesehen hat, um zu überprüfen, ob sie richtig reagiert.

c) **Einsatz (Inference):**

Nach der Validierung kann die KI im echten Leben eingesetzt werden, um Aufgaben zu lösen. Sie verwendet das Wissen, das sie während des Trainings gelernt hat, um Vorhersagen zu treffen oder Entscheidungen zu treffen.

2.1.12 Was macht KI so leistungsfähig?

Künstliche Intelligenz (KI) zeichnet sich vor allem durch ihre Fähigkeit aus, riesige Mengen an Daten in Rekordzeit zu analysieren und Muster zu erkennen, die selbst den schärfsten menschlichen Augen entgehen. Diese Fähigkeit basiert auf dem Grundprinzip des maschinellen Lernens, bei dem Algorithmen trainiert werden, aus Erfahrungen – in Form von Daten – zu lernen. Diese Lernfähigkeit ermöglicht es der KI, komplexe Zusammenhänge aufzudecken, die sonst möglicherweise übersehen würden. Ein eindrucksvolles Beispiel ist der Einsatz von KI im medizinischen Bereich. Hier können KI-Systeme Millionen von Patientendaten, darunter Laborberichte, MRT-Scans und Krankengeschichten, analysieren, um Muster zu identifizieren, die auf spezifische Krankheiten hinweisen. So kann die KI beispielsweise erkennen, dass bestimmte Symptome häufig gemeinsam auftreten und mit einer bestimmten Krankheit korrelieren, selbst wenn diese Verbindungen bisher unerkannt geblieben sind.

Was KI so leistungsstark macht, ist nicht nur ihre Geschwindigkeit, sondern auch ihre Präzision. Während ein menschlicher Arzt oder Wissenschaftler nur eine begrenzte Anzahl von Daten analysieren kann, ist eine KI in der Lage, gleichzeitig unzählige Variablen zu berücksichtigen. Dadurch kann sie Anomalien oder seltene Muster erkennen, die in den Daten versteckt sind. Diese Eigenschaft macht KI zu einem unverzichtbaren Werkzeug in der modernen Medizin, wo sie nicht nur Diagnosen unterstützt, sondern auch dazu beiträgt, neue Behandlungsmethoden zu entwickeln.

Deep Learning, eine spezielle Form des maschinellen Lernens, hebt diese Fähigkeiten auf ein völlig neues Niveau. Der Schlüssel dazu liegt in der Verwendung tief verschachtelter neuronaler Netzwerke. Im Gegensatz zu herkömmlichen maschinellen Lernverfahren, die sich oft auf vorab definierte Regeln oder Merkmale stützen, ist Deep Learning in der Lage, diese Merkmale selbstständig aus den Daten zu extrahieren. Die tiefen Schichten dieser Netzwerke arbeiten in einer Art Hierarchie: Die unteren Schichten erkennen grundlegende Merkmale in den Daten, während die höheren Schichten diese Merkmale kombinieren, um immer komplexere und abstraktere Konzepte zu lernen.

Ein anschauliches Beispiel für die Leistungsfähigkeit von Deep Learning ist die Sprachverarbeitung. Sprachassistenten wie Siri oder Alexa nutzen Deep-Learning-Algorithmen, um Sprache nicht nur zu erkennen, sondern auch ihre Bedeutung zu interpretieren. Dabei analysiert die KI nicht nur einzelne Wörter, sondern auch die Beziehung zwischen ihnen, um den Kontext zu verstehen. Dies ermöglicht es der KI, auf komplexe Fragen zu antworten oder sogar Gespräche zu führen, die natürlich und menschlich wirken.

Auch in der Welt der Spiele zeigt sich die außergewöhnliche Leistungsfähigkeit von Deep Learning. Systeme wie AlphaGo, das die besten menschlichen Spieler im Brettspiel Go besiegt hat, verwenden neuronale Netzwerke, um Millionen von Spielzügen zu analysieren und Strategien zu entwickeln, die selbst erfahrene Spieler überraschen. Dabei geht es nicht nur darum, einfache Muster zu erkennen, sondern um die Fähigkeit, langfristige Strategien zu entwickeln, die auf tieferem Verständnis des Spiels basieren.

Selbstfahrende Autos sind ein weiteres beeindruckendes Beispiel dafür, wie Deep Learning die Grenzen des Möglichen erweitert. Solche Fahrzeuge verwenden neuronale Netzwerke, um eine Vielzahl von Daten in Echtzeit zu verarbeiten – von Kamerabildern über Radardaten bis hin zu GPS-Signalen. Durch diese Analyse kann das Auto nicht nur Objekte auf der Straße erkennen, wie andere Fahrzeuge oder Fußgänger, sondern auch deren Bewegungen und Absichten vorhersagen. Diese Fähigkeit ermöglicht es dem Fahrzeug, in komplexen Verkehrssituationen sicher zu navigieren und schnelle Entscheidungen zu treffen.

Zusammengefasst ist die Fähigkeit von KI, enorme Datenmengen zu verarbeiten und tiefgreifende Muster zu erkennen, ein grundlegender Faktor für ihren Erfolg. Deep Learning erweitert diese Fähigkeit, indem es der KI erlaubt, nicht nur bekannte Muster zu erkennen, sondern auch neue

Zusammenhänge und Merkmale eigenständig zu entdecken. Diese Technologie treibt Innovationen in einer Vielzahl von Bereichen voran und zeigt, dass wir erst an der Oberfläche dessen kratzen, was KI wirklich leisten kann.

2.1.13 Anwendungsbeispiele für die Grundprinzipien der KI

Die beschriebenen Mechanismen der KI werden heute in zahlreichen Bereichen eingesetzt:

- **Gesichtserkennung**: Neuronale Netzwerke analysieren Millionen von Gesichtern, um einzigartige Merkmale wie Augenabstand oder Gesichtsform zu lernen und Personen in Fotos zu identifizieren.
- **Sprachassistenten**: Systeme wie Alexa oder Siri verwenden Deep-Learning-Modelle, um Sprache zu verstehen, auf Anfragen zu reagieren und sogar komplexe Kontexte zu interpretieren.
- **Medizinische Diagnosen**: KI kann anhand von Röntgenbildern oder MRT-Scans erkennen, ob ein Patient Anzeichen für Krankheiten wie Krebs zeigt, oft mit einer Genauigkeit, die mit der von Ärzten vergleichbar ist.
- **Autonome Fahrzeuge**: Selbstfahrende Autos nutzen neuronale Netzwerke, um Straßenschilder zu erkennen, Fußgänger zu lokalisieren und komplexe Verkehrssituationen in Echtzeit zu analysieren.

Die Grundprinzipien und Technologien hinter Künstlicher Intelligenz – allen voran neuronale Netzwerke und Deep Learning – sind nicht einfach nur technische Errungenschaften; sie markieren einen Wendepunkt in der Geschichte der Menschheit. Diese Werkzeuge besitzen das Potenzial, unsere Arbeitswelt zu transformieren, unsere Lernprozesse zu individualisieren und unser tägliches Leben effizienter, sicherer und angenehmer zu gestalten. Ihre Fähigkeit, riesige Mengen an Daten zu verarbeiten und tiefere Zusammenhänge zu erkennen, eröffnet Möglichkeiten, die vor wenigen Jahrzehnten noch undenkbar waren. Von der Verbesserung medizinischer Diagnosen bis hin zur Entwicklung selbstfahrender Autos – die Anwendungen sind vielfältig und bahnbrechend.

Was KI so außergewöhnlich macht, ist ihre Fähigkeit, von Daten zu lernen und sich anzupassen. Das Konzept, Maschinen beizubringen, selbstständig Muster zu erkennen und Entscheidungen zu treffen, wirkt auf den ersten Blick fast magisch. Doch hinter dieser Magie stehen klare und nachvollziehbare Mechanismen. Neuronale Netzwerke, inspiriert von der Funktionsweise des menschlichen Gehirns, sind ein faszinierendes Beispiel dafür, wie mathematische und statistische Modelle genutzt werden können, um Intelligenz zu simulieren. Deep Learning erweitert diese Mechanismen und erlaubt es Maschinen, auch hochkomplexe Aufgaben zu bewältigen, die zuvor ausschließlich Menschen vorbehalten waren.

Trotz dieser beeindruckenden Fortschritte bleibt es entscheidend, dass wir das Potenzial von KI nicht nur bewundern, sondern auch ihre Grenzen und Risiken verstehen. KI ist kein Allheilmittel, sondern ein Werkzeug – eines, das von den Menschen, die es entwickeln und einsetzen, abhängt. Ihr Nutzen kann nur maximiert werden, wenn wir uns der Gefahren bewusst sind, die mit ihrer Nutzung einhergehen: von der Gefahr der Datenverzerrung bis hin zum Risiko des Missbrauchs durch unethische Akteure.

Das Verständnis der Grundprinzipien und Technologien von KI gibt uns die Macht, diese Technologie verantwortungsvoll zu gestalten. Es erlaubt uns, sie nicht nur zu nutzen, sondern auch kritisch zu hinterfragen und ihre Auswirkungen auf unsere Gesellschaft zu bewerten. Die Revolution, die KI mit sich bringt, ist eine Gelegenheit, nicht nur unsere Welt zu verändern, sondern auch unsere Werte zu stärken. Sie fordert uns auf, Innovation mit Ethik, Effizienz mit Transparenz und Fortschritt mit Verantwortung zu verbinden. Nur so können wir sicherstellen, dass KI nicht nur ein Werkzeug der Technik bleibt, sondern ein Werkzeug für die Menschheit.

2.1.14 Welche unterschiedlichen Künstlichen Intelligenzen gibt es?

Wenn wir über Künstliche Intelligenz (KI) sprechen, denken viele an eine universelle Technologie, die alles kann. Doch in Wahrheit gibt es unterschiedliche Arten von KI, die sich in ihren Fähigkeiten, Anwendungen und ihrem Grad der „Intelligenz" unterscheiden. Diese Unterscheidung hilft dabei, die Möglichkeiten und Grenzen von KI besser zu verstehen.

2.1.15 Die drei Hauptkategorien von Künstlicher Intelligenz

Die Künstliche Intelligenz wird in der Regel in drei Kategorien eingeteilt: **Schwache KI**, **Starke KI** und **Generelle KI**. Diese Einteilung basiert darauf, wie spezialisiert und leistungsfähig die jeweiligen KI-Systeme sind.

a) Schwache KI (Weak AI)

Schwache KI, auch als „spezialisierte KI" bezeichnet, ist die am weitesten verbreitete Form der Künstlichen Intelligenz. Sie ist darauf ausgelegt, eine spezifische Aufgabe sehr gut zu lösen, jedoch ohne ein allgemeines Verständnis oder Bewusstsein zu besitzen.

Ein Beispiel für schwache KI ist ein Sprachassistent wie Siri oder Alexa. Diese Systeme können Sprache verstehen, Befehle ausführen und einfache Fragen beantworten, sind jedoch auf die Programmierung und Daten beschränkt, die sie erhalten haben. Sie können nicht eigenständig lernen, wie man ein Gespräch auf Augenhöhe führt, oder Aufgaben außerhalb ihres festgelegten Bereichs erledigen.

Auch Anwendungen wie Empfehlungsalgorithmen, die uns auf Netflix Filme oder auf Spotify Musik vorschlagen, basieren auf schwacher KI. Sie analysieren große Datenmengen, um Muster zu erkennen, doch sie haben kein „Verständnis" für das, was sie tun – sie folgen lediglich Algorithmen, die auf spezifische Ergebnisse ausgerichtet sind.

b) Starke KI (Strong AI)

Starke KI, auch als „allgemeine KI" (Artificial General Intelligence, AGI) bezeichnet, ist eine viel ambitioniertere Form der Künstlichen Intelligenz. Im Gegensatz zur schwachen KI kann starke KI theoretisch jedes Problem lösen, das ein Mensch lösen kann, unabhängig vom Kontext. Sie würde über die Fähigkeit verfügen, zu lernen, zu argumentieren, zu planen und Entscheidungen zu treffen, genau wie ein Mensch.

Ein hypothetisches Beispiel für starke KI wäre ein Roboter, der nicht nur lernen kann, wie man ein Auto fährt, sondern auch, wie man kocht, ein Buch schreibt oder einen wissenschaftlichen Artikel verfasst – alles ohne spezielle Programmierung für jede Aufgabe.

Starke KI existiert derzeit nur in der Theorie und in der Science-Fiction. In Filmen wie *Her* oder *Ex Machina* sehen wir Darstellungen von starken KI-Systemen, die menschliche Intelligenz nachahmen und sogar über eigene Emotionen und Bewusstsein verfügen. Obwohl die Forschung darauf abzielt, solche Systeme zu entwickeln, sind wir noch weit davon entfernt, diese Stufe der Intelligenz zu erreichen.

c) Superintelligente KI (Artificial Superintelligence, ASI)

Die Idee der superintelligenten KI geht über die Fähigkeiten der starken KI hinaus. Eine solche KI würde die menschliche Intelligenz in nahezu allen Bereichen übertreffen – von der Problemlösung bis hin zur Kreativität und emotionalen Intelligenz.

Ein Beispiel für superintelligente KI wäre eine Maschine, die in der Lage ist, selbstständig wissenschaftliche Entdeckungen zu machen, globale Probleme wie den Klimawandel zu lösen und komplexe soziale Dynamiken besser zu verstehen als jeder Mensch.

Während superintelligente KI derzeit rein spekulativ ist, gibt es viele Diskussionen darüber, welche Auswirkungen sie auf die Menschheit haben könnte. Experten warnen, dass eine solche Technologie potenziell gefährlich sein könnte, wenn sie nicht sorgfältig überwacht und kontrolliert wird.

d) Andere Klassifizierungen von KI

Neben dieser klassischen Einteilung in schwache, starke und superintelligente KI gibt es noch andere Möglichkeiten, KI zu kategorisieren, basierend auf ihrer Funktionsweise und ihrem Einsatzgebiet.

- **Regelbasierte KI:** Diese Systeme arbeiten nach festgelegten Regeln und Logiken. Ein Beispiel wäre ein Schachprogramm, das alle möglichen Spielzüge berechnet, um den besten Zug zu finden. Diese KI ist begrenzt, da sie nur innerhalb der definierten Regeln funktionieren kann.
- **Lernende KI:** Diese Systeme basieren auf maschinellem Lernen und können aus Erfahrungen lernen. Ein Beispiel ist ein Bilderkennungsprogramm, das durch das Training mit Millionen von Bildern lernt, bestimmte Objekte wie Autos oder Katzen zu identifizieren.
- **Autonome KI:** Diese KI-Systeme sind in der Lage, Entscheidungen zu treffen und zu handeln, ohne menschliches Eingreifen. Autonome Fahrzeuge, die selbstständig navigieren und Verkehrssituationen bewältigen, sind ein Beispiel für diese Art von KI.

2.1.16 Warum ist diese Unterscheidung wichtig?

Die Unterscheidung zwischen den verschiedenen Arten von KI hilft uns zu verstehen, was heute möglich ist und was noch Zukunftsmusik ist. Schwache KI ist bereits ein fester Bestandteil unseres Alltags, sei es in Form von Suchmaschinen, Chatbots oder Sprachassistenten. Sie erleichtert uns das Leben, hat jedoch klare Grenzen.

Starke und superintelligente KI werfen hingegen viele Fragen auf – nicht nur technologische, sondern auch ethische und gesellschaftliche. Was passiert, wenn Maschinen die menschliche Intelligenz übertreffen? Wie stellen wir sicher, dass KI zum Wohl der Menschheit eingesetzt wird? Diese Fragen sind entscheidend für die Diskussion über die Zukunft der Künstlichen Intelligenz.

Die unterschiedlichen Arten von Künstlicher Intelligenz zeigen, wie vielfältig diese Technologie ist. Während schwache KI bereits heute eine wichtige Rolle in unserem Alltag spielt, bleibt starke und superintelligente KI ein Thema für die Zukunft. Ein Verständnis dieser Unterscheidungen ermöglicht es uns, KI besser zu nutzen, ihre Möglichkeiten realistisch einzuschätzen und verantwortungsvoll mit den Herausforderungen umzugehen, die sie mit sich bringt.

2.2 Der Siegeszug der Algorithmen

Künstliche Intelligenz (KI) hat in den vergangenen Jahren einen festen Platz in unserem Alltag eingenommen, oft ohne, dass wir uns dessen bewusst sind. Ob in der Medizin, in der Pharmabranche oder in der Mobilität – KI treibt Innovationen voran, die unsere Lebensqualität verbessern, Prozesse effizienter gestalten und neue Möglichkeiten schaffen. Ihre Anwendungen reichen von der frühzeitigen Diagnose von Krankheiten über die Entwicklung neuer Medikamente bis hin zu selbstfahrenden Fahrzeugen, die die Art und Weise, wie wir uns fortbewegen, grundlegend verändern. In den folgenden Abschnitten werfen wir einen Blick auf konkrete Beispiele aus der Praxis, die verdeutlichen, wie KI bereits heute unsere Welt prägt. Diese Beispiele zeigen, dass der Nutzen von KI längst Realität ist – oft ohne, dass wir es merken – und wie sie zunehmend in kritischen Bereichen unseres Lebens integriert wird

2.2.1 KI in der Medizin

Künstliche Intelligenz (KI) revolutioniert die Medizin in einer Weise, die vor wenigen Jahren noch undenkbar schien. Dank fortschrittlicher Algorithmen ist KI heute in der Lage, Aufgaben zu übernehmen, die zuvor ausschließlich hochqualifizierten Fachkräften vorbehalten waren. Von der Diagnose schwerer Krankheiten bis hin zur Entwicklung neuer Medikamente – KI hat das Potenzial, die Gesundheitsversorgung schneller, präziser und effizienter zu machen.

a) Diagnoseunterstützung: KI als virtueller Arzt

Eines der eindrucksvollsten Einsatzgebiete von KI in der Medizin ist die Unterstützung bei Diagnosen. Traditionell erfordert die Diagnose komplexer Krankheiten wie Krebs oder seltener genetischer Erkrankungen jahrelange Erfahrung und tiefgehende Kenntnisse. KI-Systeme wie IBM Watson Health haben jedoch gezeigt, dass sie diese Prozesse erheblich beschleunigen können.

Ein konkretes Beispiel ist die Bildgebung in der Radiologie. KI-Algorithmen, die auf maschinellem Lernen basieren, analysieren Röntgenbilder, MRTs oder CT-Scans und erkennen dabei Anzeichen von Krankheiten wie Tumoren, Knochenbrüchen oder Lungenentzündungen. In einer Studie, die in mehreren Krankenhäusern in Europa durchgeführt wurde, konnte ein KI-System Brustkrebs auf Mammographien mit einer Genauigkeit erkennen, die gleichwertig oder sogar besser war als die von erfahrenen Radiologen. Die Algorithmen analysieren dabei Millionen von Bilddaten und lernen, subtile Muster zu erkennen, die dem menschlichen Auge entgehen könnten.

b) Präzisionsmedizin: Maßgeschneiderte Behandlungen durch KI

KI ermöglicht es Ärzten, Behandlungen an die individuellen Bedürfnisse eines Patienten anzupassen. Diese sogenannte Präzisionsmedizin basiert auf der Analyse großer Datenmengen, einschließlich genetischer Informationen, medizinischer Vorgeschichte und Umweltfaktoren. Ein Beispiel dafür ist die Entwicklung personalisierter Krebstherapien.

Ein prominentes Beispiel ist die Zusammenarbeit zwischen dem Unternehmen Tempus und führenden Krebsforschungszentren. Tempus verwendet KI, um genetische Daten von Krebspatienten zu analysieren und spezifische Mutationen zu identifizieren, die für das Wachstum eines Tumors verantwortlich sind. Basierend auf diesen Erkenntnissen können Ärzte gezielte Medikamente auswählen, die genau auf die jeweilige Mutation abzielen. Dieser Ansatz hat dazu geführt, dass Patienten mit vorher unheilbaren Krebsarten eine längere Überlebenszeit und eine bessere Lebensqualität genießen.

c) Medikamentenentwicklung: Schneller von der Forschung

zum Patienten

Die Entwicklung neuer Medikamente ist ein zeitaufwendiger und kostspieliger Prozess, der oft mehr als ein Jahrzehnt in Anspruch nimmt. KI hat das Potenzial, diesen Prozess erheblich zu beschleunigen, indem sie die Forschung und Entwicklung effizienter gestaltet.

Ein herausragendes Beispiel ist die Entdeckung des Medikaments Baricitinib durch die Zusammenarbeit von BenevolentAI und Eli Lilly. Baricitinib wurde ursprünglich als Medikament für rheumatoide Arthritis entwickelt, aber während der COVID-19-Pandemie analysierte eine KI-Plattform Tausende von bereits zugelassenen Medikamenten, um potenzielle Wirkstoffe für die Behandlung von COVID-19 zu identifizieren. Innerhalb weniger Wochen schlug die KI Baricitinib vor, das schließlich in klinischen Studien getestet und zur Behandlung zugelassen wurde.

d) KI in der Chirurgie: Präzision und Unterstützung

Roboterchirurgie, die von KI-Algorithmen unterstützt wird, ist ein weiteres Beispiel für den Siegeszug der Algorithmen in der Medizin. Systeme wie der da Vinci Surgical Robot werden in Krankenhäusern weltweit eingesetzt, um minimalinvasive Eingriffe mit höchster Präzision durchzuführen. KI-gestützte Chirurgie ermöglicht es, die Bewegungen des Chirurgen zu optimieren und potenzielle Fehler zu minimieren.

Ein Beispiel hierfür ist die Durchführung von Prostataoperationen mit dem da Vinci-System. Während der Chirurg die Kontrolle behält, analysiert die KI die Bewegungen und passt sie in Echtzeit an, um sicherzustellen, dass umliegendes Gewebe nicht beschädigt wird. Dies führt zu schnelleren Genesungszeiten und weniger Komplikationen für die Patienten.

e) Frühwarnsysteme: KI rettet Leben

Ein weiteres bemerkenswertes Einsatzgebiet von KI in der Medizin sind Frühwarnsysteme, die lebensbedrohliche Zustände wie Sepsis oder Herzinfarkte erkennen, bevor sie eintreten. Solche Systeme analysieren kontinuierlich die Vitaldaten eines Patienten und identifizieren subtile Veränderungen, die auf ein erhöhtes Risiko hinweisen.

Ein Beispiel ist das System DeepMind von Google, das in britischen Krankenhäusern implementiert wurde, um Nierenversagen frühzeitig zu erkennen. Das System analysiert Laborwerte und andere Patientendaten und alarmiert Ärzte, wenn Anzeichen für ein drohendes Organversagen vorliegen. Studien haben gezeigt, dass solche Systeme die Zeit bis zur Behandlung erheblich verkürzen und die Überlebensrate verbessern können.

f) Barrieren und Herausforderungen

Trotz dieser beeindruckenden Fortschritte gibt es auch Herausforderungen, die den Einsatz von KI in der Medizin begleiten. Eine zentrale Frage ist die ethische Verantwortung. Wer haftet, wenn eine KI eine falsche Diagnose stellt? Ein weiterer Aspekt ist der Datenschutz, da KI-Systeme oft Zugriff auf hochsensible Patientendaten benötigen, um effizient zu arbeiten. Auch die Akzeptanz bei Ärzten und Patienten ist ein kritischer Punkt: Viele Menschen sind skeptisch, ob eine Maschine so zuverlässig sein kann wie ein erfahrener Arzt.

Die Integration von KI in die Medizin markiert einen revolutionären Schritt, der die Art und Weise, wie Krankheiten diagnostiziert, behandelt und geheilt werden, grundlegend verändert. Von der präzisen Diagnose über die personalisierte Behandlung bis hin zur Entwicklung neuer Medikamente – KI bietet Werkzeuge, die nicht nur die Effizienz steigern, sondern auch die Patientenergebnisse verbessern. Gleichzeitig ist es wichtig, diese Technologie mit Bedacht einzusetzen, um ihre Potenziale voll auszuschöpfen und ihre Risiken zu minimieren. Der Siegeszug der Algorithmen ist in der Medizin längst angekommen – und hat das Potenzial, unser Gesundheitssystem dauerhaft zu transformieren.

2.2.2 KI in der Pharmabranche

Die Pharmabranche ist ein Bereich, in dem Künstliche Intelligenz (KI) enormes Potenzial zeigt, um die Effizienz zu steigern und die Entwicklung neuer Medikamente zu revolutionieren. Von der Wirkstoffforschung über die klinische Entwicklung bis hin zur Optimierung von Produktionsprozessen – KI verändert, wie Arzneimittel entworfen, getestet und produziert werden. Durch ihre Fähigkeit, riesige Datenmengen zu analysieren und Muster zu erkennen, die für Menschen nicht sichtbar sind, bringt KI einen Paradigmenwechsel in die Pharmabranche.

a) Wirkstoffforschung: Schneller und gezielter zu neuen Medikamenten

Traditionell ist die Entdeckung neuer Wirkstoffe ein zeitaufwendiger und kostspieliger Prozess, der Jahre dauern und Milliarden kosten kann. KI hat das Potenzial, diesen Prozess erheblich zu beschleunigen, indem sie große Mengen biologischer und chemischer Daten analysiert, um vielversprechende Kandidaten für Medikamente zu identifizieren.

Ein beeindruckendes Beispiel ist die Arbeit des Unternehmens **Insilico Medicine**, das KI nutzt, um potenzielle Wirkstoffe für Krankheiten wie Krebs und Alzheimer zu entdecken. In einem Projekt generierte die KI des Unternehmens innerhalb weniger Wochen mehrere Moleküle, die als potenzielle Kandidaten für ein neues Medikament gegen Fibrose (eine Art Gewebeschädigung) in Betracht kamen. Während herkömmliche Methoden oft Jahre dauern, um solche Ergebnisse zu erzielen, hat Insilico Medicine gezeigt, dass KI diesen Prozess dramatisch verkürzen kann.

b) Repositionierung bestehender Medikamente

Ein weiterer Bereich, in dem KI erfolgreich eingesetzt wird, ist die Repositionierung von bereits existierenden Medikamenten. Dies bedeutet, dass bestehende Wirkstoffe für neue Anwendungsgebiete untersucht werden. Dieser Ansatz hat sich während der COVID-19-Pandemie als besonders wertvoll erwiesen.

Ein Beispiel ist die Zusammenarbeit von **BenevolentAI** mit führenden Forschungsinstituten zur Identifizierung von Medikamenten, die gegen COVID-19 eingesetzt werden könnten. Die KI-Modelle des Unternehmens analysierten Tausende von bestehenden Medikamenten und identifizierten Baricitinib, ein ursprünglich für Arthritis entwickeltes Medikament, als potenziellen Wirkstoff gegen COVID-19. Innerhalb weniger Monate wurde Baricitinib in klinischen Studien getestet und für den Notfalleinsatz zugelassen. Dieser Erfolg verdeutlicht, wie KI in Krisensituationen lebensrettende Lösungen schneller liefern kann als herkömmliche Ansätze.

c) Klinische Studien: Effizienter und zielgerichteter

Die Durchführung klinischer Studien ist ein entscheidender, aber oft langwieriger Teil der Arzneimittelentwicklung. Hier spielt KI eine entscheidende Rolle, um Studien effizienter zu gestalten und die Erfolgsquote zu erhöhen.

Das Unternehmen **AI Cure** nutzt KI-gestützte Plattformen, um die Patientenadhärenz in klinischen Studien zu überwachen. Mithilfe von Gesichtserkennungstechnologie überprüft die KI, ob Patienten ihre Medikamente wie vorgeschrieben einnehmen. Dadurch wird sichergestellt, dass die Daten aus den Studien zuverlässig und genau sind, was wiederum die Qualität der Ergebnisse verbessert. Diese Technologie hilft nicht nur, Kosten zu senken, sondern auch, die Zeit bis zur Marktzulassung neuer Medikamente zu verkürzen.

Ein weiteres Beispiel ist **Deep 6 AI**, ein Unternehmen, das KI verwendet, um geeignete Patienten für klinische Studien schneller zu identifizieren. Durch die Analyse von Millionen von elektronischen Patientenakten kann die Plattform innerhalb weniger Minuten Teilnehmer finden, die den spezifischen Anforderungen einer Studie entsprechen. Dies beschleunigt die Rekrutierungsphase, die oft Monate dauert, und bringt dringend benötigte Medikamente schneller zu den Patienten.

d) Optimierung der Produktion

Neben der Forschung und Entwicklung spielt KI auch eine wichtige Rolle in der Produktion von Medikamenten. Algorithmen können Produktionsprozesse optimieren, indem sie Daten in Echtzeit analysieren und Anpassungen vornehmen, um die Effizienz zu maximieren.

Ein Beispiel ist die Zusammenarbeit von **Novartis** mit Microsoft. Gemeinsam entwickelten sie eine KI-Plattform, die Produktionsdaten in Echtzeit überwacht und potenzielle Probleme frühzeitig erkennt. So können Produktionsunterbrechungen vermieden und die Qualität der Medikamente sichergestellt werden. Dies ist besonders in der Herstellung von Impfstoffen oder komplexen Biologika wichtig, bei denen selbst kleine Fehler schwerwiegende Auswirkungen haben können.

e) Prädiktive Analysen: Neue Trends und Risiken erkennen

KI wird auch verwendet, um Markttrends und potenzielle Risiken vorherzusagen. Unternehmen wie **GNS Healthcare** setzen prädiktive Modelle ein, um zu analysieren, wie Patienten auf bestimmte Medikamente reagieren könnten. Diese Erkenntnisse helfen Pharmaunternehmen, ihre Produkte zu verbessern und Risiken wie unerwünschte Nebenwirkungen zu minimieren.

Ein Beispiel ist die Vorhersage von Patientenpopulationen, die besonders von einer neuen Therapie profitieren könnten. Durch die Analyse von Patientendaten kann KI präzise vorhersagen, welche Gruppen am wahrscheinlichsten auf ein Medikament ansprechen. Dies ermöglicht es Pharmaunternehmen, ihre Ressourcen gezielt einzusetzen und personalisierte Therapien zu entwickeln.

f) Herausforderungen und ethische Fragen

Trotz der beeindruckenden Fortschritte gibt es auch Herausforderungen. Der Zugang zu großen Mengen sensibler Patientendaten wirft Fragen zum Datenschutz auf. Wie können wir sicherstellen, dass persönliche Informationen geschützt bleiben, während wir KI für die medizinische Forschung nutzen? Darüber hinaus besteht die Gefahr, dass KI-Algorithmen voreingenommen sind, wenn die zugrunde liegenden Daten Verzerrungen enthalten. Es ist entscheidend, dass die Entwicklung von KI in der Pharmabranche transparent und ethisch erfolgt, um das Vertrauen von Patienten und der Öffentlichkeit zu gewährleisten.

Der Einsatz von KI in der Pharmabranche ist ein Paradebeispiel dafür, wie Algorithmen den Fortschritt beschleunigen und die Gesundheitsversorgung revolutionieren können. Von der Wirkstoffforschung über klinische Studien bis hin zur Produktion zeigt KI, dass sie nicht nur Effizienz und Genauigkeit steigert, sondern auch Leben rettet. Gleichzeitig bleibt es wichtig, die Technologie verantwortungsvoll einzusetzen und die ethischen Implikationen zu berücksichtigen, um sicherzustellen, dass die Vorteile von KI in der Pharmabranche allen zugutekommen. Der Siegeszug der Algorithmen in diesem Bereich ist bereits in vollem Gange – und hat das Potenzial, die Art und Weise, wie wir Medikamente entwickeln und bereitstellen, dauerhaft zu verändern.

2.2.3 KI in der Mobilitätsbranche

Die Mobilitätsbranche ist eine der Vorreiterindustrien, wenn es um den Einsatz von Künstlicher Intelligenz (KI) geht. Von selbstfahrenden Autos über intelligente Verkehrsmanagementsysteme bis hin zu personalisierten Mobilitätsdiensten – KI verändert, wie wir uns fortbewegen, und verspricht eine Zukunft, in der Reisen sicherer, effizienter und umweltfreundlicher wird. Durch die Fähigkeit, große Datenmengen in Echtzeit zu analysieren und Entscheidungen zu treffen, hat KI bereits Einzug in viele Bereiche der Mobilität gehalten.

a) Selbstfahrende Autos: Der Traum vom autonomen Fahren

Ein Paradebeispiel für den Einsatz von KI in der Mobilitätsbranche ist die Entwicklung selbstfahrender Autos. Unternehmen wie Tesla, Waymo und BMW nutzen KI, um Fahrzeuge zu entwickeln, die eigenständig navigieren können, ohne menschliches Eingreifen.

Selbstfahrende Autos verwenden eine Kombination aus Sensoren, Kameras, Lidar (Light Detection and Ranging) und KI-Algorithmen, um ihre Umgebung zu analysieren und Entscheidungen in Echtzeit zu treffen. Neuronale Netzwerke spielen dabei eine zentrale Rolle, da sie es dem Fahrzeug ermöglichen, Objekte wie Fußgänger, andere Fahrzeuge oder Straßenschilder zu erkennen und deren Bewegungen vorherzusagen.

Ein konkretes Beispiel ist Waymo, ein Tochterunternehmen von Alphabet (Google). Waymo betreibt in Arizona einen vollständig autonomen Taxi-Service, bei dem die Fahrzeuge ohne Fahrer durch die Stadt navigieren. Die KI analysiert ständig Daten von Kameras und Sensoren, um Verkehrsregeln einzuhalten, Hindernisse zu vermeiden und sichere Routen zu planen. Diese Technologie hat das Potenzial, nicht nur die Effizienz des Verkehrs zu verbessern, sondern auch Unfälle zu reduzieren, die häufig durch menschliches Versagen verursacht werden.

b) Verkehrsmanagement: Intelligente Steuerung für fließenden Verkehr

KI wird auch genutzt, um den Verkehrsfluss in Städten zu optimieren und Staus zu minimieren. Intelligente Verkehrsmanagementsysteme verwenden Algorithmen, um Daten aus verschiedenen Quellen wie Verkehrskameras, GPS-Systemen und Sensoren auf den Straßen zu analysieren. Diese Systeme können den Verkehr in Echtzeit überwachen und Signale anpassen, um Staus zu vermeiden.

Ein Beispiel ist das Projekt Flow von der Volkswagen-Tochter Moia in Hamburg. Hierbei analysiert eine KI Daten zu Verkehrsdichte, Wetterbedingungen und öffentlichen Verkehrsmitteln, um Verkehrsströme effizient zu leiten. Ampelsysteme werden dynamisch angepasst, um Fahrzeuge schneller durch stark befahrene Knotenpunkte zu leiten. Dadurch wird nicht nur die Zeit im Stau reduziert, sondern auch der Kraftstoffverbrauch und die CO_2-Emissionen gesenkt.

In ähnlicher Weise nutzt die Stadt Los Angeles das KI-basierte Verkehrsmanagementsystem ATCS (Adaptive Traffic Control System), das mithilfe von Algorithmen die Lichtphasen von Ampeln in Echtzeit anpasst, um Verkehrsstaus zu verringern. Studien zeigen, dass dieses System die Reisezeiten um bis zu 30 % verkürzen konnte.

c) Personalisierte Mobilität: On-Demand-Dienste durch KI

KI hat auch das Konzept von Mobilität als Dienstleistung (Mobility-as-a-Service, MaaS) vorangetrieben. Plattformen wie Uber, Lyft oder Free Now nutzen Algorithmen, um Routen und Preise zu optimieren sowie Fahrer und Passagiere effizient zusammenzubringen. Diese Dienste basieren auf maschinellem Lernen, das ständig aus den Nutzerdaten lernt, um den Service zu verbessern.

Ein Beispiel hierfür ist die dynamische Preisanpassung, die

von Uber verwendet wird. KI-Algorithmen analysieren Faktoren wie Nachfrage, Verkehrsbedingungen und Wetter, um Preise in Echtzeit anzupassen. Dies ermöglicht es, die Verfügbarkeit von Fahrten auch in Stoßzeiten sicherzustellen. Gleichzeitig bieten KI-gestützte Routenplaner den Fahrern die effizientesten Wege, um die Reisezeiten zu minimieren.

Auch Ride-Pooling-Dienste wie Via nutzen KI, um Fahrgäste mit ähnlichen Reisezielen zu identifizieren und sie in einem Fahrzeug zusammenzuführen. Dies reduziert nicht nur die Kosten für die Nutzer, sondern trägt auch dazu bei, den Verkehr in städtischen Gebieten zu verringern.

d) Energieeffiziente Mobilität: Elektrofahrzeuge und Flottenmanagement

Im Bereich der Elektrofahrzeuge spielt KI eine entscheidende Rolle bei der Optimierung von Ladeinfrastruktur und Batteriemanagement. Unternehmen wie Tesla nutzen KI, um die Batterien ihrer Fahrzeuge effizienter zu machen. Die Algorithmen analysieren Fahrmuster, Wetterbedingungen und andere Faktoren, um die Reichweite des Fahrzeugs zu maximieren und die Ladezeiten zu minimieren.

Im Flottenmanagement ermöglicht KI zudem eine effizientere Planung und Verwaltung. Unternehmen wie DHL setzen KI ein, um Lieferwege zu optimieren, den Kraftstoffverbrauch zu senken und die Gesamtproduktivität zu steigern. KI analysiert dabei Faktoren wie Verkehrsbedingungen, Lieferprioritäten und Fahrzeugstandorte, um die besten Routen in Echtzeit zu berechnen.

e) Sicherheit im Verkehr: KI als Lebensretter

Ein weiteres wichtiges Einsatzgebiet von KI in der Mobilitätsbranche ist die Erhöhung der Verkehrssicherheit. Systeme wie Fahrerassistenzsysteme (ADAS) nutzen KI, um Gefahrensituationen frühzeitig zu erkennen und darauf zu reagieren. Diese Systeme sind in der Lage, Spurwechsel zu unterstützen, automatische Notbremsungen durchzuführen und Fahrer vor Müdigkeit zu warnen.

Ein Beispiel ist das EyeQ-System von Mobileye, das in vielen modernen Fahrzeugen integriert ist. Es verwendet Kameras und KI-Algorithmen, um andere Fahrzeuge, Fußgänger und Radfahrer zu erkennen. Bei Gefahr warnt das System den Fahrer oder greift sogar selbst ein, um einen Unfall zu verhindern.

f) Herausforderungen und Potenziale

Trotz der beeindruckenden Fortschritte gibt es auch Herausforderungen. Autonome Fahrzeuge stehen immer noch vor Problemen wie dem Fahren unter extremen Wetterbedingungen oder der Interpretation ungewöhnlicher Straßensituationen. Zudem wirft die Integration von KI in die Mobilität ethische Fragen auf, wie die Verantwortung bei Unfällen durch autonome Systeme.

Dennoch zeigt der Einsatz von KI in der Mobilitätsbranche, dass Algorithmen bereits heute einen erheblichen Beitrag zu einer effizienteren, sichereren und nachhaltigeren Mobilität leisten. Sie schaffen die Grundlage für eine Zukunft, in der Reisen nicht nur angenehmer, sondern auch umweltfreundlicher und zugänglicher wird.

Der Siegeszug der Algorithmen hat die Mobilitätsbranche grundlegend verändert. KI ermöglicht selbstfahrende Autos, intelligente Verkehrssteuerung und personalisierte Mobilitätsdienste, die nicht nur unsere Fortbewegung effizienter machen, sondern auch unser Leben erleichtern. Obwohl Herausforderungen bestehen, zeigt die Praxis, dass KI einen festen Platz in der Mobilität der Zukunft hat und bereits heute eine Schlüsselrolle spielt.

2.2.4 Wie KI unser tägliches Leben beeinflusst

Künstliche Intelligenz (KI) ist längst zu einem unsichtbaren, aber allgegenwärtigen Bestandteil unseres Alltags geworden. Oft ohne, dass wir es merken, arbeiten Algorithmen im Hintergrund, treffen Entscheidungen und beeinflussen unser Verhalten. Von Online-Shopping über das Navigieren im Verkehr bis hin zur Verwaltung persönlicher Finanzen – KI prägt unsere Entscheidungen und erleichtert unser Leben auf eine Weise, die für viele unsichtbar bleibt. Doch diese unsichtbare Macht hat auch ihre Herausforderungen, denn in vielen Bereichen treffen KI-Systeme Entscheidungen für uns, ohne dass wir direkten Einfluss darauf haben.

a) Personalisierte Empfehlungen: Der unsichtbare Berater im Alltag

Eines der deutlichsten Beispiele dafür, wie KI unser tägliches Leben beeinflusst, sind personalisierte Empfehlungen, die uns von Plattformen wie Netflix, Amazon oder Spotify angeboten werden. Diese Algorithmen analysieren unser Verhalten – welche Filme wir ansehen, welche Produkte wir kaufen, welche Songs wir hören – und erstellen auf dieser Basis Vorschläge, die perfekt auf unsere Vorlieben abgestimmt sind.

Ein konkretes Beispiel: Stellen Sie sich vor, Sie suchen nach einem neuen Buch auf Amazon. Während Sie stöbern, schlägt Ihnen die Plattform ähnliche Bücher vor, die auf den Kaufentscheidungen anderer Nutzer mit ähnlichen Interessen basieren. Der Algorithmus hat in Sekundenbruchteilen Millionen von Datenpunkten analysiert, um Ihnen diese Vorschläge zu machen. Sie wählen ein Buch aus, das Sie sonst vielleicht nie entdeckt hätten – und all das geschieht, ohne dass Sie merken, wie tiefgreifend KI in diesen Prozess eingebunden ist.

b) Verkehr und Navigation: KI steuert unseren Weg

Ein weiteres Beispiel, bei dem KI Entscheidungen trifft, ohne dass wir es bewusst wahrnehmen, ist die Navigation. Dienste wie Google Maps oder Waze nutzen KI, um den besten Weg zu berechnen, Staus zu vermeiden und Echtzeitdaten über den Verkehr zu verarbeiten. Die Algorithmen berücksichtigen dabei unzählige Faktoren wie Straßensperrungen, Verkehrsaufkommen oder Wetterbedingungen.

Ein typisches Szenario: Sie geben Ihr Ziel in die Navigations-App ein, und die KI schlägt Ihnen eine Route vor, die schneller ist als Ihre übliche Strecke. Sie folgen der vorgeschlagenen Route, ohne die komplexen Berechnungen zu hinterfragen, die hinter dieser Empfehlung stehen. Die KI hat dabei möglicherweise sogar entschieden, andere Fahrer umzuleiten, um den Verkehrsfluss insgesamt zu verbessern – ein unsichtbarer Eingriff in den Alltag vieler Menschen.

c) **Social Media: KI gestaltet, was wir sehen**

In sozialen Medien wie Facebook, Instagram oder TikTok bestimmt KI, welche Inhalte wir sehen. Algorithmen analysieren unser Verhalten – welche Beiträge wir liken, teilen oder kommentieren – und stellen basierend darauf unseren Newsfeed zusammen. Diese Entscheidungen beeinflussen, wie wir die Welt wahrnehmen, welche Themen uns interessieren und wie wir mit anderen interagieren.

Ein Beispiel: Sie scrollen durch Instagram und sehen hauptsächlich Beiträge zu Fitness und Ernährung, weil Sie kürzlich einige dieser Inhalte geliked haben. Die KI hat entschieden, dass Sie an diesen Themen interessiert sind, und blendet andere Inhalte aus. Diese kuratierte Erfahrung beeinflusst, welche Produkte Sie kaufen, welche Meinungen Sie formen und wie Sie Ihre Zeit verbringen – oft ohne zu wissen, dass ein Algorithmus dahintersteckt.

d) **Finanzen: KI entscheidet über Kredite und Konten**

Im Finanzsektor treffen KI-Algorithmen Entscheidungen, die direkte Auswirkungen auf unser Leben haben.

Kreditkartenunternehmen und Banken nutzen KI, um die Kreditwürdigkeit von Kunden zu bewerten. Dabei analysieren sie Daten wie Einkommen, Ausgaben, frühere Zahlungen und sogar soziale Faktoren, um zu entscheiden, ob ein Kredit gewährt wird oder nicht.

Ein Beispiel: Sie beantragen einen Kredit für ein Auto, und der Antrag wird innerhalb weniger Sekunden abgelehnt. Ein KI-System hat Ihre Daten analysiert und entschieden, dass Ihr Risiko zu hoch ist. Diese Entscheidung wird oft automatisch getroffen, ohne dass ein Mensch den Prozess überprüft. Sie erfahren lediglich das Ergebnis, nicht jedoch die genauen Gründe, die zu dieser Entscheidung geführt haben.

e) Online-Shopping: KI beeinflusst unser Kaufverhalten

Beim Online-Shopping treffen Algorithmen nicht nur Empfehlungen, sondern steuern auch Preise. Dynamische Preisanpassungen sind ein Beispiel dafür, wie KI in Echtzeit Entscheidungen trifft, die unsere Kaufentscheidungen beeinflussen.

Ein Beispiel: Sie suchen nach einem Flugticket, und der Preis ändert sich plötzlich. Die KI hat Ihre Suchanfragen analysiert und erkannt, dass Sie an diesem Flug interessiert sind. Basierend auf Angebot und Nachfrage passt der Algorithmus den Preis an, ohne dass Sie es direkt merken. Dieses Prinzip wird auch bei vielen anderen Produkten angewendet, von Elektronik bis hin zu Hotelbuchungen.

f) Smart Homes: KI automatisiert unseren Alltag

In Smart-Home-Systemen wie Google Nest oder Amazon Alexa steuert KI, wann die Heizung eingeschaltet wird, welche Musik gespielt wird oder wie die Beleuchtung angepasst wird. Diese Systeme lernen aus unserem Verhalten und passen sich an unsere Vorlieben an.

Ein Beispiel: Ihr Smart-Thermostat stellt die Temperatur

automatisch auf 21 Grad ein, kurz bevor Sie nach Hause kommen. Die KI hat Ihre Gewohnheiten analysiert und diese Entscheidung getroffen, ohne dass Sie eingreifen mussten. Solche automatisierten Entscheidungen machen unser Leben komfortabler, zeigen aber auch, wie stark wir uns bereits auf KI verlassen.

g) Herausforderungen und Konsequenzen

Obwohl KI unser Leben erleichtert, stellt sie auch Herausforderungen dar. Die Tatsache, dass viele Entscheidungen unsichtbar im Hintergrund getroffen werden, wirft Fragen nach Transparenz und Kontrolle auf. Wer trägt die Verantwortung, wenn eine Entscheidung falsch ist? Und wie können wir sicherstellen, dass diese Systeme fair und unvoreingenommen sind?

Künstliche Intelligenz ist längst ein unsichtbarer Akteur in unserem Alltag, der Entscheidungen trifft und unser Verhalten lenkt, oft ohne, dass wir es bemerken. Ob bei der Navigation, in sozialen Medien oder im Gesundheitswesen – KI gestaltet, wie wir leben, arbeiten und interagieren. Diese unsichtbare Macht hat viele Vorteile, erfordert aber auch ein kritisches Bewusstsein, um ihre Auswirkungen zu verstehen und verantwortungsvoll mit ihr umzugehen.

2.2.5 Der Balanceakt zwischen Fortschritt und Risiko

Künstliche Intelligenz (KI) hat die Welt in eine neue Ära technologischer Möglichkeiten geführt. Ihre Algorithmen prägen nicht nur unser tägliches Leben, sondern treiben auch Fortschritte in Wissenschaft, Industrie und Gesellschaft voran. Doch diese rasante Entwicklung bringt auch Risiken mit sich, die nicht ignoriert werden dürfen. Der Balanceakt zwischen Fortschritt und Risiko ist eine zentrale Herausforderung in der KI-Debatte: Wie können wir das enorme Potenzial von KI nutzen, ohne ihre Gefahren zu übersehen oder ihre negativen Konsequenzen zu akzeptieren?

a) Die Verheißung des Fortschritts

Der Fortschritt durch KI ist unbestreitbar. Sie hat die Art und Weise, wie wir kommunizieren, arbeiten und leben, revolutioniert. Fortschritte in der Medizin haben Leben gerettet, Innovationen in der Mobilität haben den Verkehr sicherer und effizienter gemacht, und personalisierte Technologien haben unseren Alltag bequemer gestaltet. KI wird als Werkzeug angesehen, das die drängendsten Probleme der Menschheit lösen könnte – von der Bekämpfung des Klimawandels bis zur Beseitigung von Ungleichheiten im Zugang zu Bildung und Gesundheitsversorgung.

Ein Beispiel für diese Verheißung ist die Fähigkeit von KI, in kürzester Zeit riesige Datenmengen zu analysieren und Zusammenhänge zu erkennen, die für den Menschen unsichtbar bleiben. Dieser Fortschritt hat dazu beigetragen, dass Medikamente schneller entwickelt werden, Verkehrsströme effizienter gesteuert werden und personalisierte Gesundheitslösungen für Millionen Menschen zugänglich werden. Die Algorithmen ermöglichen es, neue Geschäftsfelder zu erschließen, die Arbeitswelt produktiver zu gestalten und die Lebensqualität vieler Menschen zu verbessern.

Doch diese Fortschritte haben ihren Preis.

b) Die verborgenen Risiken

Mit jedem Schritt nach vorne treten neue Risiken und Herausforderungen zutage. Während Algorithmen unser Leben einfacher machen, stellen sie auch die Grundlagen dessen, wie wir als Gesellschaft funktionieren, in Frage. KI kann Diskriminierungen verstärken, gesellschaftliche Ungleichheiten vertiefen und Vertrauen zerstören, wenn sie unkontrolliert eingesetzt wird.

Ein zentrales Risiko ist die mangelnde Transparenz vieler KI-Systeme. Oft arbeiten Algorithmen wie in einer „Black Box": Sie treffen Entscheidungen, deren Grundlage selbst für Entwickler schwer nachvollziehbar ist. Dies kann in sensiblen Bereichen wie der Kreditvergabe, der Strafjustiz oder der medizinischen Diagnostik zu gravierenden Fehlentscheidungen führen, die das Leben von Menschen direkt beeinflussen.

Ein weiteres Risiko ist der Verlust menschlicher Kontrolle. In einer Welt, in der KI immer mehr Entscheidungen automatisiert, wächst die Abhängigkeit von Maschinen. Systeme wie autonome Fahrzeuge oder KI-gestützte Finanzmärkte treffen Entscheidungen in Sekundenbruchteilen, die Menschen weder nachvollziehen noch beeinflussen können. Dies wirft die Frage auf, wie wir in einer solchen Welt Verantwortung und Kontrolle sicherstellen können.

c) Der schmale Grat zwischen Innovation und Sicherheit

Der Balanceakt zwischen Fortschritt und Risiko verlangt von uns, Innovation zu fördern, ohne dabei Sicherheits- und Ethikstandards zu vernachlässigen. Dies bedeutet, dass wir die Technologien nicht nur entwickeln, sondern auch kritisch hinterfragen müssen. Die Frage ist nicht, ob wir KI einsetzen sollten, sondern wie wir sie einsetzen.

Ein Beispiel aus der Praxis zeigt diesen schmalen Grat: Die Gesichtserkennungstechnologie hat das Potenzial, die öffentliche Sicherheit zu erhöhen, wird jedoch auch zur Überwachung und Diskriminierung eingesetzt. In autoritären Regimen wird sie genutzt, um politische Dissidenten zu verfolgen, während sie in demokratischen Gesellschaften auf Datenschutzbedenken stößt. Hier zeigt sich deutlich, dass Fortschritt immer im Kontext ethischer Prinzipien betrachtet werden muss.

d) Die ethische Dimension

Dieser Balanceakt führt uns direkt in die Kernfragen der Ethik. Wenn KI Entscheidungen trifft, die Menschen betreffen, wie können wir sicherstellen, dass diese Entscheidungen fair, transparent und gerecht sind? Wie verhindern wir, dass Algorithmen bestehende gesellschaftliche Vorurteile verstärken oder neue schaffen? Wie schaffen wir Mechanismen, die sicherstellen, dass KI-Systeme dem Gemeinwohl dienen und nicht ausschließlich wirtschaftlichen Interessen?

Ethische Leitlinien und Regulierung sind ein entscheidender Schritt, um diese Fragen zu beantworten. Doch diese Ansätze stehen oft im Widerspruch zur Dynamik des technologischen Fortschritts. Unternehmen, die sich im globalen Wettbewerb befinden, sehen ethische Standards oft als Hindernis. Hier ist es entscheidend, einen Konsens zu finden, der Fortschritt und Ethik miteinander vereint.

Der Balanceakt zwischen Fortschritt und Risiko endet nicht mit der Entwicklung von KI-Technologien – er beginnt dort erst. Im nächsten Kapitel wird untersucht, wie ethische Prinzipien in einer Welt, die zunehmend von Algorithmen gesteuert wird, konkret umgesetzt werden können. Es geht darum, die Verantwortung für KI nicht nur bei den Entwicklern zu sehen, sondern auch bei den Nutzern, Unternehmen und Regierungen. Wie können wir eine KI-Welt schaffen, in der Innovation und Ethik Hand in Hand gehen?

Während wir die Möglichkeiten der KI feiern, dürfen wir ihre Risiken nicht ignorieren. Die Zukunft der Künstlichen Intelligenz liegt nicht nur in der Technologie, sondern in der Art und Weise, wie wir sie gestalten – und in der Verantwortung, die wir übernehmen, um eine gerechte und sichere Nutzung zu gewährleisten. Der nächste Schritt in dieser Reise ist die Auseinandersetzung mit den ethischen Grundlagen, die den Fortschritt leiten müssen, damit er allen zugutekommt

2.3 Ethik in einer KI-gesteuerten Welt
2.3.1 Entscheidungsfindung und Verantwortung
2.3.1.1 Wenn Maschinen Entscheidungen treffen: Wer trägt die Verantwortung?

Die zunehmende Verbreitung von Künstlicher Intelligenz (KI) bringt eine fundamentale Frage mit sich: Wer trägt die Verantwortung, wenn eine Maschine Entscheidungen trifft? KI-Systeme sind in der Lage, selbstständig Prozesse zu steuern, Risiken zu bewerten und Ergebnisse zu liefern, die direkten Einfluss auf das Leben von Menschen haben. Doch diese Automatisierung wirft komplexe ethische und rechtliche Fragen auf – insbesondere dann, wenn etwas schiefgeht.

Stellen Sie sich vor, ein autonomes Fahrzeug verursacht einen Unfall. War es ein technisches Versagen des Systems? War der Hersteller für die Programmierung des Algorithmus verantwortlich? Oder liegt die Verantwortung beim Nutzer, der das Fahrzeug aktiviert hat? Ähnliche Fragen stellen sich in anderen Bereichen, in denen KI Entscheidungen trifft: etwa bei medizinischen Diagnosen, bei der automatisierten Kreditvergabe oder im Einsatz von KI-gestützten Überwachungssystemen.

Das Kernproblem liegt darin, dass KI-Systeme oft in einer sogenannten „Black Box" operieren. Der Begriff „Black Box" beschreibt treffend das Problem, dass die inneren Entscheidungsprozesse vieler KI-Systeme – insbesondere solcher, die auf tiefen neuronalen Netzwerken und maschinellem Lernen basieren – für Außenstehende und oft sogar für ihre Entwickler nicht transparent sind. Diese Intransparenz entsteht durch die Art und Weise, wie KI-Systeme arbeiten: Sie lernen nicht durch fest programmierte Regeln, sondern durch das Verarbeiten riesiger Datenmengen und das Anpassen ihrer internen Parameter, um die bestmöglichen Ergebnisse zu erzielen.

In einem tiefen neuronalen Netzwerk beispielsweise fließen

Informationen durch viele Schichten künstlicher Neuronen, die auf komplexe Weise miteinander verbunden sind. Jede dieser Schichten extrahiert spezifische Merkmale aus den Daten, etwa Farben, Formen oder Muster bei der Bilderkennung. Doch die Verbindungen und Gewichtungen, die in diesen Schichten entstehen, sind für Menschen nahezu unmöglich zu interpretieren, da sie weder logisch noch intuitiv nachvollziehbar sind. Das Ergebnis ist, dass wir zwar sehen können, was die KI entscheidet, aber nicht genau wissen, warum sie zu dieser Entscheidung gekommen ist.

a) Warum sind viele KI-Systeme nicht erklärbar?

Die Nicht-Erklärbarkeit vieler KI-Systeme hat mehrere Gründe:

- **Komplexität der Modelle:**

Systeme wie Deep-Learning-Modelle bestehen aus Millionen, manchmal Milliarden von Parametern, die in einem dynamischen Prozess angepasst werden. Diese Parameter sind mathematische Werte, die keine direkte Entsprechung zu menschlichen Begriffen oder Logiken haben.

- **Fehlen expliziter Regeln:**

Klassische Software basiert auf klaren, von Menschen definierten Regeln („Wenn A passiert, tue B"). KI hingegen „lernt" diese Regeln durch das Erkennen von Mustern in Daten, ohne dass die Regeln explizit kodiert werden. Das Ergebnis ist eine Funktion oder ein Modell, das zwar effektiv arbeitet, dessen Funktionsweise aber oft nicht zurückverfolgt werden kann.

- **Abstraktion und Verallgemeinerung:**

KI-Systeme abstrahieren Daten, um allgemeine Muster zu erkennen. Doch diese Abstraktionen sind oft so weit entfernt von den Rohdaten oder den ursprünglichen Inputs, dass Menschen keinen direkten Bezug mehr herstellen können.

- **Fehlende Standards für Transparenz:**

Es gibt bisher nur begrenzte Ansätze und Standards, um KI-Systeme „erklärbarer" zu machen. Während Forschungen zu „Explainable AI" (XAI) Fortschritte machen, stehen wir hier noch am Anfang.

b) Warum ist das Black-Box-Problem ein ernstes Problem?

Das Black-Box-Problem hat weitreichende Konsequenzen, die nicht nur technischer, sondern auch ethischer und gesellschaftlicher Natur sind:

- **Mangelndes Vertrauen:**

Wenn Entscheidungen einer KI nicht nachvollziehbar sind, sinkt das Vertrauen in ihre Nutzung. Dies ist besonders problematisch in Bereichen wie Medizin oder Strafjustiz, wo Transparenz und Fairness entscheidend sind.

- **Verantwortungszuweisung:**

Ohne Erklärbarkeit ist es schwierig, die Verantwortung für Entscheidungen zu klären. Wer haftet, wenn ein autonomes Fahrzeug einen Unfall verursacht oder ein KI-System diskriminierende Entscheidungen trifft? Die Black Box lässt diese Fragen oft unbeantwortet.

- **Diskriminierung und Bias:**

Da KI auf Daten trainiert wird, spiegelt sie die Verzerrungen und Vorurteile wider, die in diesen Daten vorhanden sind. Wenn eine KI beispielsweise systematisch bestimmte Bevölkerungsgruppen diskriminiert, kann das Problem durch die Black Box schwer erkannt und behoben werden.

- **Unkontrollierbare Systeme:**

KI-Systeme können unvorhergesehene Verhaltensweisen entwickeln, die schwer zu überwachen oder zu kontrollieren sind. Dies birgt das Risiko, dass sie Entscheidungen treffen, die nicht mit den ursprünglichen Absichten der Entwickler übereinstimmen.

c) **Ansätze zur Lösung des Black-Box-Problems**
Um die Probleme der Black Box zu adressieren, sind verschiedene Ansätze in der Forschung und Praxis entstanden:

- **Explainable AI (XAI):**

Hierbei handelt es sich um Methoden, die darauf abzielen, die Entscheidungen von KI-Systemen verständlicher zu machen. Beispielsweise können Modelle so gestaltet werden, dass sie nicht nur ein Ergebnis liefern, son**dern auch die Faktoren, die zu diesem Ergebnis geführt haben, offenlegen.**

- **Einsatz transparenterer Modelle:**

In einigen Fällen könnten weniger komplexe Modelle, wie Entscheidungsbäume oder lineare Regressionen, eingesetzt werden, die einfacher zu interpretieren sind – allerdings oft auf Kosten der Genauigkeit.

- **Regulierungen:**

Gesetzgeber und Organisationen fordern zunehmend Transparenz bei KI-Systemen, insbesondere in kritischen Bereichen wie Medizin oder Strafrecht. Dies könnte Unternehmen dazu zwingen, KI-Systeme erklärbarer zu machen.

Das Black-Box-Problem ist eines der zentralen Hindernisse auf dem Weg zu einer verantwortungsvollen Nutzung von KI. Es fordert von uns, nicht nur die technologischen Vorteile der Künstlichen Intelligenz zu schätzen, sondern auch ihre Grenzen zu erkennen und Lösungen für mehr Transparenz und Nachvollziehbarkeit zu entwickeln. Denn in einer Welt, in der Maschinen immer mehr Entscheidungen treffen, bleibt die Fähigkeit, diese Entscheidungen zu verstehen, essenziell – für das Vertrauen der Gesellschaft und die Wahrung grundlegender ethischer Prinzipien.

Ein weiterer Aspekt ist die Delegation von Verantwortung. Unternehmen oder Institutionen, die KI einsetzen, könnten versucht sein, Fehlentscheidungen auf die Maschine zu schieben, um ihre eigene Haftung zu minimieren. Gleichzeitig wird die Rolle des Entwicklers entscheidend: Sollte derjenige, der den Algorithmus programmiert hat, für alle möglichen Konsequenzen haften? Oder trägt der Betreiber die Verantwortung, der das System in einem spezifischen Kontext einsetzt?

Die Verantwortung für maschinelle Entscheidungen darf jedoch nicht ausschließlich auf einer Ebene liegen. Es braucht ein mehrstufiges Modell, das die Rollen und Pflichten von Entwicklern, Betreibern, Nutzern und Regulierungsbehörden klar definiert. Nur so kann sichergestellt werden, dass KI-Systeme verantwortungsvoll entwickelt, implementiert und überwacht werden.

Dieses Thema ist zentral für die Ethik in einer KI-gesteuerten Welt. Es fordert von uns, nicht nur die technologischen Aspekte zu berücksichtigen, sondern auch die moralischen und gesellschaftlichen Fragen, die sich mit der Automatisierung von Entscheidungen ergeben. Denn letztlich bleibt eines klar: Maschinen mögen Entscheidungen treffen können, doch die Verantwortung liegt immer noch bei uns Menschen.

2.3.1.2 Die Rolle menschlicher Kontrolle (Human-in-the-Loop) in KI-Prozessen

a) **Die Rolle menschlicher Kontrolle (Human-in-the-Loop) in KI-Prozessen**

In einer Welt, in der Künstliche Intelligenz (KI) immer mehr Entscheidungen automatisiert, wird die Frage nach der Rolle des Menschen in diesen Prozessen zunehmend wichtiger. Der Begriff „**Human-in-the-Loop**" (**HITL**) beschreibt ein Modell der

Interaktion zwischen Mensch und Maschine, bei dem Menschen aktiv in den Entscheidungsprozess eingebunden bleiben, selbst wenn KI-Systeme einen Großteil der Arbeit übernehmen. Dieses Konzept ist ein entscheidender Ansatz, um die Kontrolle über KI-Systeme zu bewahren und die Verantwortung für Entscheidungen klar zu definieren.

b) Was bedeutet Human-in-the-Loop (HITL)?

Human-in-the-Loop bedeutet, dass der Mensch in die Entscheidungsprozesse von KI-Systemen integriert bleibt und an kritischen Punkten eingreifen kann, um Ergebnisse zu validieren, zu korrigieren oder zu modifizieren. Dies steht im Gegensatz zu vollständig autonomen Systemen, bei denen Maschinen Entscheidungen treffen, ohne dass ein Mensch Einfluss nehmen kann. HITL wird insbesondere in sicherheitskritischen Bereichen eingesetzt, in denen falsche Entscheidungen schwerwiegende Konsequenzen haben könnten.

Ein einfaches Beispiel für HITL ist ein medizinisches KI-System, das Röntgenbilder analysiert und potenzielle Tumore identifiziert. Anstatt die Diagnose und Behandlung vollständig der KI zu überlassen, überprüft ein Radiologe die Ergebnisse der KI, bevor eine Entscheidung getroffen wird. Der Mensch bleibt die letzte Instanz, um sicherzustellen, dass die Diagnose korrekt ist.

c) Warum ist Human-in-the-Loop wichtig?

HITL ist nicht nur ein technisches Konzept, sondern ein ethisches und sicherheitsrelevantes Prinzip. Es bietet mehrere entscheidende Vorteile:

- **Vermeidung von Fehlentscheidungen:**
  KI-Systeme sind fehleranfällig, insbesondere wenn die zugrunde liegenden Daten unvollständig oder verzerrt sind.

Ein Mensch kann Ergebnisse hinterfragen, Unstimmigkeiten erkennen und Fehlentscheidungen verhindern.

- **Transparenz und Vertrauen:**

Wenn Menschen die Ergebnisse der KI überprüfen, schafft dies mehr Transparenz im Entscheidungsprozess. Nutzer haben mehr Vertrauen in ein System, das von Menschen überwacht wird, als in ein rein autonomes System.

- **Wahrung ethischer Standards:**

Maschinen folgen streng den Algorithmen, mit denen sie programmiert wurden, ohne moralische oder ethische Prinzipien zu berücksichtigen. Menschen können in HITL-Systemen sicherstellen, dass Entscheidungen im Einklang mit den Werten und Normen der Gesellschaft stehen.

- **Flexibilität in unvorhergesehenen Situationen:**

KI ist oft schlecht darauf vorbereitet, auf Situationen zu reagieren, die außerhalb ihres Trainingsdatensatzes liegen. Menschen können solche unvorhergesehenen Umstände besser bewerten und entsprechend handeln.

- **Der Stand der Forschung: Wo steht Human-in-the-Loop heute?**

HITL ist ein aktives Forschungsfeld, das von einer wachsenden Anzahl von Anwendungsfällen geprägt ist. Der Stand der Forschung lässt sich in drei Hauptbereiche unterteilen:

- **1. Entwicklung von Schnittstellen:**

Forschungsprojekte konzentrieren sich darauf, intuitive und effiziente Schnittstellen zu entwickeln, die es

Menschen ermöglichen, mit KI-Systemen zu interagieren. Ziel ist es, die Zusammenarbeit zwischen Mensch und Maschine so nahtlos wie möglich zu gestalten.

2. Automatisierte und menschliche Kontrolle kombinieren:

Viele Systeme arbeiten daran, den Menschen nur bei kritischen Entscheidungen einzubeziehen. Dies wird als „Human-on-the-Loop" bezeichnet, bei dem die KI Routineentscheidungen autonom trifft und der Mensch nur bei Abweichungen oder Unsicherheiten eingreift.

3. Erklärbare KI (Explainable AI):

Ein entscheidender Fortschritt in der HITL-Forschung ist die Entwicklung von erklärbaren KI-Systemen, die ihre Entscheidungen verständlich machen. Dies ermöglicht es Menschen, fundierter zu überprüfen, ob die Ergebnisse der KI korrekt sind.

Ein Beispiel für die Anwendung dieser Forschung ist die Entwicklung autonomer Fahrzeuge. Hier liegt die Herausforderung darin, den Menschen in Echtzeit einzubeziehen, um Eingriffe zu ermöglichen, wenn das Fahrzeug auf unvorhergesehene Situationen trifft. Die Systeme arbeiten daran, dem Fahrer die Möglichkeit zu geben, die Kontrolle zu übernehmen, während gleichzeitig die Sicherheit gewährleistet bleibt.

- **Die Konsequenzen von HITL für KI-Prozesse**

Die Integration von HITL hat tiefgreifende Konsequenzen für die Gestaltung, Implementierung und Nutzung von KI-Systemen:

1. Langsamere Automatisierung:

HITL erfordert die kontinuierliche Einbindung des

Menschen, was die vollständige Automatisierung von Prozessen verzögert. Dies ist jedoch oft ein notwendiges Opfer, um Sicherheit und Kontrolle zu gewährleisten.

2. Höhere Kosten:

Die Entwicklung von HITL-Systemen ist komplexer und kostenintensiver als die von vollständig autonomen Systemen. Die zusätzlichen Ressourcen, die für Schulungen, Überwachung und Schnittstellen benötigt werden, machen diese Systeme teurer.

3. Mehr Verantwortung für Nutzer:

HITL verschiebt die Verantwortung teilweise auf die Nutzer, die in der Lage sein müssen, die Ergebnisse der KI zu verstehen und zu bewerten. Dies erfordert oft Schulungen und eine klare Definition von Rollen und Pflichten.

4. Ethische Standards bewahren:

Durch die menschliche Einbindung können HITL-Systeme sicherstellen, dass die Nutzung von KI im Einklang mit ethischen Prinzipien steht. Dies ist besonders wichtig in Bereichen wie Medizin, Strafjustiz und Finanzen, wo Entscheidungen gravierende Auswirkungen haben können.

Human-in-the-Loop ist ein zentrales Prinzip, um die Kontrolle über KI-Systeme zu bewahren und ihre Entscheidungen verantwortungsvoll zu gestalten. Während es technisch und organisatorisch anspruchsvoll ist, bietet HITL einen unverzichtbaren Rahmen, um die Risiken von KI zu minimieren und gleichzeitig ihre Vorteile zu maximieren. Indem Menschen in die Entscheidungsprozesse eingebunden bleiben, stellt HITL sicher, dass KI nicht zu einer Black Box wird, sondern ein Werkzeug bleibt, das den Menschen dient – mit Transparenz, Ethik und Sicherheit im Mittelpunkt.

2.3.1.3 Verantwortung von Softwareherstellern und Nutzern: Ein gemeinsames Ethos

Die zunehmende Verbreitung von Künstlicher Intelligenz (KI) erfordert nicht nur technische Innovationen, sondern auch eine klare Definition von Verantwortung. Sowohl Softwarehersteller, die KI-Systeme entwickeln, als auch die Nutzer, die diese Systeme einsetzen, tragen eine gemeinsame Verantwortung für die Folgen und Auswirkungen der Technologie. Dieses Zusammenspiel – ein gemeinsames Ethos – ist entscheidend, um sicherzustellen, dass KI-Systeme sicher, ethisch und im besten Interesse der Gesellschaft genutzt werden.

a) Die Verantwortung der Softwarehersteller

Softwarehersteller, die KI-Systeme entwickeln, stehen an der Spitze der Verantwortungskette. Sie entscheiden, wie ein System gestaltet wird, welche Daten es verarbeitet und welche Algorithmen verwendet werden. Ihre Verantwortung umfasst mehrere zentrale Aspekte:

- **Nachvollziehbarkeit und Transparenz:**

  Hersteller müssen sicherstellen, dass die Funktionsweise ihrer Systeme nachvollziehbar ist. Dies beinhaltet die Dokumentation der Trainingsdaten, Algorithmen und Entscheidungskriterien. Transparenz ist der erste Schritt, um Vertrauen in KI-Systeme aufzubauen.

- **Sicherheitsgarantien:**

  Hersteller tragen die Verantwortung dafür, dass ihre KI-Systeme sicher sind und gegen Manipulation oder

Cyberangriffe geschützt werden. Dies ist besonders wichtig in kritischen Bereichen wie Gesundheitswesen, Finanzen oder Infrastruktur.

- **Vermeidung von Bias:**

KI-Systeme dürfen keine Diskriminierung oder Vorurteile verstärken. Hersteller müssen sicherstellen, dass die Trainingsdaten frei von Verzerrungen sind und regelmäßig überprüft werden, um unfaire Ergebnisse zu vermeiden.

- **Ethik als Bestandteil der Entwicklung:**

Ethische Prinzipien müssen bereits in der Designphase eines Systems berücksichtigt werden. Dies bedeutet, dass mögliche negative Auswirkungen einer Technologie antizipiert und minimiert werden.

- **Unterstützung für Nutzer:**

Softwarehersteller sollten nicht nur funktionierende Systeme liefern, sondern auch Schulungen, Handbücher und technische Unterstützung bereitstellen, um sicherzustellen, dass Nutzer das System korrekt und verantwortungsvoll einsetzen können.

b) Die Verantwortung der Nutzer

Die Verantwortung endet jedoch nicht bei den Herstellern. Diejenigen, die KI-Systeme einsetzen – sei es ein Unternehmen, eine Organisation oder Einzelpersonen – haben eine ebenso wichtige Rolle, um die Technologie sicher und ethisch anzuwenden:

- **Verstehen und Kompetenz:**

Nutzer müssen verstehen, wie ein KI-System funktioniert, welche Einschränkungen es hat und welche möglichen Risiken damit verbunden sind. Dies erfordert oft Schulungen und ein gewisses Maß an technischer Kompetenz.

- **Angemessener Einsatz:**

Nutzer sollten KI-Systeme nur in Bereichen einsetzen, in denen sie tatsächlich sinnvoll und ethisch vertretbar sind. Der Einsatz von KI darf nicht auf Kosten von Menschenrechten oder gesellschaftlichen Werten erfolgen.

- **Überwachung und Kontrolle:**

Nutzer tragen die Verantwortung, die Ergebnisse von KI-Systemen zu überprüfen und kritisch zu hinterfragen. Sie müssen in der Lage sein, die Kontrolle über Entscheidungen zu behalten und Eingriffe vorzunehmen, wenn die Ergebnisse nicht den gewünschten Standards entsprechen.

- **Meldung von Problemen:**

Sollten Nutzer Schwachstellen oder potenziell schädliche Verhaltensweisen eines KI-Systems feststellen, liegt es in ihrer Verantwortung, diese an den Hersteller oder die zuständigen Behörden zu melden.

c) **Ein gemeinsames Ethos: Die Grundlage für verantwortungsvolle KI**

Ein gemeinsames Ethos zwischen Herstellern und Nutzern bedeutet, dass beide Seiten aktiv und kooperativ daran arbeiten, die Risiken von KI zu minimieren und ihre Vorteile zu maximieren. Es ist ein Verständnis dafür, dass die Verantwortung nicht bei einer einzelnen Partei liegt, sondern dass alle Beteiligten ihren Beitrag leisten müssen, um KI-Systeme sicher und ethisch zu gestalten.

Dieses Ethos basiert auf den folgenden Prinzipien:

- **Transparenz und Zusammenarbeit:**

Hersteller und Nutzer sollten offen miteinander kommunizieren, um sicherzustellen, dass die Systeme korrekt eingesetzt und weiterentwickelt werden.

- **Regelmäßige Überprüfung:**

KI-Systeme sollten kontinuierlich überwacht und verbessert werden. Dies erfordert die Zusammenarbeit zwischen Herstellern, Nutzern und gegebenenfalls Regulierungsbehörden.

- **Verantwortungsbewusstsein:**

Beide Seiten müssen die potenziellen Auswirkungen von KI-Systemen auf Individuen und die Gesellschaft berücksichtigen und entsprechend handeln.

- **Einbindung ethischer Standards:**

Hersteller und Nutzer sollten sich auf gemeinsame ethische Standards einigen, die den Einsatz von KI leiten. Dies könnte Richtlinien zu Fairness, Datenschutz und Transparenz umfassen.

d) Der gewünschte EPOS (Ethical Principles of Software): Ein Rahmen für gemeinsame Verantwortung

Der EPOS, ein idealer Rahmen für gemeinsame Verantwortung, sollte die folgenden Ziele umfassen:

- **Klare Haftungsregelungen:** Es sollte festgelegt sein, wer für welche Aspekte der Nutzung und Entwicklung eines KI-Systems haftet.
- **Ethikzertifikate:** Hersteller könnten ihre Systeme zertifizieren lassen, um zu zeigen, dass sie ethischen Standards entsprechen.
- **Nutzerverantwortung:** Nutzer könnten verpflichtet werden, bestimmte Schulungen zu absolvieren, bevor sie

komplexe KI-Systeme einsetzen dürfen.
- **Kooperation mit Regulierungsbehörden:** Beide Seiten sollten aktiv mit staatlichen und internationalen Organisationen zusammenarbeiten, um sicherzustellen, dass KI im Einklang mit globalen Standards eingesetzt wird.

Die Verantwortung für KI-Systeme kann nicht isoliert bei einer Partei liegen. Softwarehersteller und Nutzer teilen die Aufgabe, KI sicher, ethisch und verantwortungsvoll zu gestalten. Dieses gemeinsame Ethos ist die Grundlage für den langfristigen Erfolg von KI – nicht nur als Technologie, sondern als Werkzeug, das im Einklang mit den Werten und Bedürfnissen der Gesellschaft steht. Ein klarer Rahmen für diese Zusammenarbeit ist nicht nur wünschenswert, sondern entscheidend, um eine Zukunft zu schaffen, in der KI ein vertrauenswürdiger und positiver Bestandteil unseres Lebens bleibt.

2.3.1.4 Die Herausforderung der Transparenz

a) Warum „Explainable AI" essenziell ist

Künstliche Intelligenz (KI) ist eine transformative Technologie, die immer häufiger in kritischen Bereichen wie Gesundheitswesen, Strafjustiz, Finanzen und öffentlichen Dienstleistungen eingesetzt wird. Doch je leistungsfähiger und komplexer KI-Systeme werden, desto schwieriger wird es, ihre Entscheidungen zu verstehen und nachzuvollziehen. Hier kommt **Explainable AI (XAI)** ins Spiel – ein Forschungs- und Entwicklungsfeld, das darauf abzielt, KI-Systeme transparenter und verständlicher zu machen. Die Notwendigkeit von XAI ist nicht nur eine technische Herausforderung, sondern auch eine moralische, rechtliche und gesellschaftliche Verantwortung.

b) Was ist „Explainable AI"?

Explainable AI bezeichnet Ansätze und Technologien, die es ermöglichen, die Entscheidungsfindung von KI-Systemen zu erklären. Ziel ist es, nicht nur die Ergebnisse eines Systems zu präsentieren, sondern auch aufzuzeigen, wie und warum diese Ergebnisse zustande gekommen sind. Dies kann durch visuelle Darstellungen, erklärende Algorithmen oder vereinfachte Modelle geschehen, die die Funktionsweise der KI verständlicher machen.

Zum Beispiel könnte ein medizinisches KI-System, das auf Basis eines MRT-Bildes eine Krebsdiagnose stellt, zusätzlich Informationen liefern, welche Bereiche des Bildes analysiert wurden und welche Merkmale zur Diagnose geführt haben. Diese Erklärungen helfen Ärzten, die Ergebnisse zu validieren und zu verstehen, ob sie plausibel und vertrauenswürdig sind.

c) **Warum ist Explainable AI so wichtig?**

- **Vertrauen in die Technologie:**

Menschen haben oft Schwierigkeiten, Technologien zu vertrauen, die sie nicht verstehen. XAI schafft die Transparenz, die notwendig ist, um das Vertrauen in KI-Systeme zu stärken. Wenn Nutzer sehen können, wie eine KI zu einer Entscheidung gelangt ist, steigt ihre Akzeptanz.

Beispiel: Ein Bankkunde, dessen Kreditantrag abgelehnt wird, könnte eine detaillierte Erklärung verlangen, warum die KI zu diesem Ergebnis gekommen ist – etwa, dass das Einkommen unter einem bestimmten Schwellenwert liegt oder dass es in der Vergangenheit Zahlungsverzüge gab.

- **Vermeidung von Diskriminierung und Bias:**

KI-Systeme sind nur so gut wie die Daten, mit denen sie trainiert wurden. Verzerrte oder unvollständige Daten können dazu führen, dass KI diskriminierende Entscheidungen trifft. XAI hilft, diese Verzerrungen aufzudecken und zu beheben.

Beispiel: Ein Bewerbungstool, das Frauen systematisch benachteiligt, weil es auf historischen Daten basiert, könnte durch XAI analysiert werden, um die diskriminierenden Muster zu identifizieren und zu korrigieren.

- **Verantwortungszuweisung und Haftung:**

In einer Welt, in der KI immer mehr Entscheidungen trifft, stellt sich die Frage: Wer haftet, wenn etwas schiefläuft? XAI ermöglicht es, die Entscheidungswege der KI nachzuvollziehen und Verantwortlichkeiten klar zuzuweisen.

Beispiel: Bei einem Unfall mit einem autonomen Fahrzeug könnte XAI aufzeigen, welche Faktoren (wie Straßenbedingungen oder Fahrerverhalten) zur Entscheidung des Fahrzeugs geführt haben, um die Ursache des Unfalls zu klären.

- **Regulatorische Anforderungen:**

In vielen Branchen, insbesondere im Finanz- und Gesundheitswesen, gibt es gesetzliche Vorschriften, die Transparenz und Nachvollziehbarkeit vorschreiben. XAI hilft, diese Anforderungen zu erfüllen und sichert die Einhaltung von Compliance-Standards.

Beispiel: Die Europäische Datenschutz-Grundverordnung (DSGVO) verlangt, dass Nutzer das Recht haben, automatisierte Entscheidungen zu verstehen, die sie betreffen. XAI kann diese Transparenz gewährleisten.

- **Förderung ethischer Standards:**

KI sollte Entscheidungen treffen, die mit den Werten und Normen der Gesellschaft übereinstimmen. XAI stellt sicher, dass ethische Prinzipien in den Entscheidungsprozess eingebettet sind und dass potenziell unethische Ergebnisse erkannt und vermieden werden.

Beispiel: Ein KI-System, das im Strafjustizbereich verwendet wird, könnte erklären, warum es eine bestimmte Person als Risiko eingestuft hat. Dies hilft, ungerechte Entscheidungen zu vermeiden und sicherzustellen, dass die Ergebnisse mit rechtsstaatlichen Prinzipien übereinstimmen.

- **Lern- und Optimierungsmöglichkeiten:**

XAI bietet nicht nur Transparenz, sondern auch eine Grundlage für die Verbesserung von KI-Systemen. Entwickler können die Erklärungen nutzen, um Schwachstellen im System zu identifizieren und zu beheben.

Beispiel: Ein KI-System, das häufig fehlerhafte Vorhersagen trifft, könnte durch XAI analysiert werden, um die zugrunde liegenden Probleme (z. B. falsche Gewichtungen von Faktoren) zu erkennen und zu korrigieren.

d) **Herausforderungen bei Explainable AI**

Obwohl XAI essenziell ist, gibt es auch Herausforderungen:

- **Komplexität und Genauigkeit:**

Viele moderne KI-Modelle, wie tiefe neuronale Netzwerke, sind inhärent komplex. Es ist schwierig, ihre Funktionsweise auf eine Weise zu erklären, die für Laien verständlich ist, ohne die Genauigkeit oder Leistungsfähigkeit des Systems zu beeinträchtigen.

- **Abstraktion vs. Detailtiefe:**

Es besteht ein Spannungsfeld zwischen der Notwendigkeit, komplexe Entscheidungen zu vereinfachen, und der Gefahr, dabei wichtige Details zu verlieren. Zu oberflächliche Erklärungen könnten das Vertrauen eher schmälern als stärken.

- **Zeit- und Kostenaufwand:**

Die Entwicklung von XAI-Systemen erfordert zusätzliche Ressourcen. Dies kann insbesondere für kleinere Unternehmen eine Hürde darstellen.

- **Standardisierung:**

Es gibt derzeit keine einheitlichen Standards für XAI, was die Vergleichbarkeit und Integration in bestehende Systeme erschwert.

Explainable AI ist keine Option, sondern eine Notwendigkeit, wenn KI-Technologien weiter in kritischen Bereichen eingesetzt werden sollen. Sie schafft nicht nur Transparenz und Vertrauen, sondern legt die Grundlage für eine verantwortungsvolle und ethische Nutzung von KI. Indem XAI den „Black Box"-Charakter vieler KI-Systeme aufbricht, hilft sie, die Kluft zwischen technologischen Möglichkeiten und menschlichem Verständnis zu überbrücken.

Die Zukunft von XAI liegt in der Integration von Erklärbarkeit als Standard in alle KI-Modelle – nicht nur als technisches Feature, sondern als zentrales Prinzip. Denn nur durch nachvollziehbare und verständliche Entscheidungen kann KI ihr volles Potenzial entfalten, ohne die Werte und das Vertrauen der Gesellschaft zu gefährden.

e) **Beratungspakete und Tools zur Nachvollziehbarkeit von Entscheidungen**

In einer Welt, die zunehmend von Künstlicher Intelligenz (KI) geprägt ist, wird die Nachvollziehbarkeit von Entscheidungen zu einer zentralen Herausforderung. Insbesondere bei komplexen KI-Systemen, deren Entscheidungsprozesse oft in einer „Black Box" verborgen bleiben, sind Unternehmen und Organisationen gefordert, Transparenz zu schaffen. Beratungspakete und spezialisierte Tools bieten hier eine Lösung: Sie helfen dabei, die Entscheidungen von KI-Systemen zu verstehen, zu dokumentieren und den Nutzern gegenüber zu kommunizieren. Diese Angebote sind nicht nur technologische Werkzeuge, sondern auch ein wichtiger Bestandteil der ethischen Verantwortung von Herstellern und Betreibern.

f) **Warum sind Beratungspakete und Tools zur Nachvollziehbarkeit wichtig?**

Die Nachfrage nach nachvollziehbaren Entscheidungen wächst aus mehreren Gründen:

- **Vertrauen in die Technologie:**

Transparente Entscheidungen schaffen Vertrauen bei Nutzern und Kunden, die wissen möchten, warum ein KI-System eine bestimmte Empfehlung oder Entscheidung getroffen hat.

- **Regulatorische Anforderungen:**

Vorschriften wie die Datenschutz-Grundverordnung (DSGVO) in Europa verlangen, dass Nutzer das Recht haben, Entscheidungen von KI-Systemen zu verstehen. Beratungspakete und Tools unterstützen Unternehmen dabei, diese Anforderungen zu erfüllen.

- **Risikominimierung:**

Unternehmen müssen sicherstellen, dass ihre KI-Systeme keine fehlerhaften oder diskriminierenden Entscheidungen treffen. Nachvollziehbarkeit ermöglicht es, solche Risiken frühzeitig zu erkennen und zu adressieren.

- **Ethische Verantwortung:**

Transparenz ist ein wichtiger Baustein, um sicherzustellen, dass KI-Systeme im Einklang mit den Werten und Prinzipien der Gesellschaft stehen.

g) **Beratungspakete zur Nachvollziehbarkeit**

Beratungspakete sind umfassende Dienstleistungen, die Unternehmen dabei unterstützen, die Transparenz und

Nachvollziehbarkeit ihrer KI-Systeme zu gewährleisten. Sie werden in der Regel von spezialisierten Technologie- oder Beratungsfirmen angeboten und können folgende Komponenten umfassen:

- **Analyse der bestehenden Systeme:**

Experten überprüfen die eingesetzten KI-Modelle, um deren Transparenz und Erklärbarkeit zu bewerten. Dabei werden Schwachstellen identifiziert und Handlungsempfehlungen entwickelt.

- **Entwicklung von Erklärungsstrategien:**

Beratungspakete helfen Unternehmen dabei, klare und verständliche Erklärungen für die Entscheidungen ihrer KI-Systeme zu erstellen. Dies umfasst sowohl technische Details für Experten als auch vereinfachte Darstellungen für Endnutzer.

- **Schulungen und Workshops:**

Unternehmen erhalten Schulungen, um interne Teams in der Nutzung und Erklärung von KI-Systemen zu schulen. Diese Workshops fördern ein besseres Verständnis der Technologie und sensibilisieren für ethische und rechtliche Fragestellungen.

- **Integration von Explainable AI (XAI):**

Beratungspakete unterstützen bei der Implementierung von XAI-Methoden, die es ermöglichen, die Entscheidungsprozesse von KI-Systemen nachvollziehbar zu machen. Dazu gehören visuelle Darstellungen, Faktoranalysen und andere Mechanismen zur Erklärbarkeit.

h) **Funktionen moderner Tools zur Nachvollziehbarkeit**

- **Visuelle Darstellung von Entscheidungswegen:**

Tools wie LIME (Local Interpretable Model-agnostic Explanations) oder SHAP (SHapley Additive exPlanations) ermöglichen es, aufzuzeigen, welche Faktoren eine

Entscheidung beeinflusst haben. Beispielsweise kann ein Tool visualisieren, dass bei der Kreditbewilligung das Einkommen und die Kreditwürdigkeit des Antragstellers eine größere Rolle gespielt haben als das Alter.

- **Simulation und Szenarienanalyse:**

Nutzer können hypothetische Änderungen vornehmen, um zu sehen, wie sich diese auf die Entscheidungen der KI auswirken. Dies hilft, die Sensitivität des Modells zu verstehen und potenzielle Verzerrungen zu identifizieren.

- **Audit-Logs:**

Viele Tools bieten Funktionen, um alle Entscheidungen eines KI-Systems zu protokollieren. Diese Audit-Logs können genutzt werden, um Entscheidungen nachträglich zu analysieren und ihre Korrektheit zu überprüfen.

- **Erklärungsberichte für Endnutzer:**

Tools generieren automatisierte Berichte, die den Entscheidungsprozess in verständlicher Sprache erklären. Diese Berichte können direkt an Kunden oder Behörden weitergegeben werden.

i) **Beispiele für Nachvollziehbarkeits-Tools**
   - **Google What-If Tool:** Ermöglicht es, Szenarien zu testen und die Auswirkungen verschiedener Eingaben auf die Ergebnisse eines KI-Modells zu analysieren.
   - **IBM AI OpenScale:** Bietet Funktionen zur Überwachung von KI-Modellen, zur Identifikation von Verzerrungen und zur Bereitstellung von Erklärungen.
   - **Explainable Boosting Machines (EBM):** Ein spezielles Modell, das von Grund auf für Transparenz entwickelt wurde und einfach interpretiert werden kann.

j) **Die Rolle von Herstellern und Nutzern**

Die Implementierung von Beratungspaketen und Tools zur Nachvollziehbarkeit ist eine gemeinsame Aufgabe von Herstellern und Nutzern. Hersteller müssen sicherstellen, dass ihre KI-Systeme über Mechanismen verfügen, die Transparenz ermöglichen. Nutzer wiederum sollten diese Tools aktiv einsetzen, um Entscheidungen zu validieren und die Risiken zu minimieren.

Beratungspakete und Tools zur Nachvollziehbarkeit von Entscheidungen sind essenziell, um das Vertrauen in KI-Systeme zu stärken und ihre ethische und rechtliche Nutzung zu gewährleisten. Sie schaffen die Grundlage dafür, dass KI nicht als unkontrollierbare Black Box wahrgenommen wird, sondern als transparente und verantwortungsvolle Technologie, die im Einklang mit den Bedürfnissen und Werten der Gesellschaft steht. Die Kombination aus professioneller Beratung und spezialisierter Software ermöglicht es, die komplexen Prozesse hinter KI-Entscheidungen verständlich und zugänglich zu machen – ein unverzichtbarer Schritt in der Weiterentwicklung einer KI-gesteuerten Welt.

2.3.2 Bias und Diskriminierung

2.3.2.1 Wie Vorurteile in Daten zu unethischem Verhalten führen

Künstliche Intelligenz (KI) wird oft als objektive Technologie wahrgenommen, die frei von menschlichen Vorurteilen arbeitet. Doch in der Realität spiegeln KI-Systeme die Daten wider, mit denen sie trainiert werden – und diese Daten sind häufig durch gesellschaftliche Vorurteile, Verzerrungen und Ungleichheiten geprägt. Wenn diese Vorurteile in die Trainingsdaten eingebettet sind, führt dies dazu, dass KI-Systeme Entscheidungen treffen, die unethisches Verhalten fördern oder Diskriminierung verstärken. Dieser Mechanismus stellt eine der größten Herausforderungen in der Entwicklung und Nutzung von KI dar.

a) Woher kommen die Vorurteile in den Daten?

Die Ursache für Vorurteile, auch als „Bias" bezeichnet, liegt meist in den Daten, die zur Schulung von KI-Modellen verwendet werden. Diese Daten stammen oft aus der realen Welt und spiegeln die gesellschaftlichen Ungleichheiten, historischen Benachteiligungen und Stereotype wider, die in dieser Welt existieren. Bias entsteht auf verschiedene Arten:

- **Historische Verzerrungen:**

Daten, die auf historischen Entscheidungen beruhen, enthalten häufig die Vorurteile der Vergangenheit. Beispielsweise könnten Daten über Kreditvergaben in einer Bank zeigen, dass Frauen seltener Darlehen erhalten haben. Ein KI-System, das auf diesen Daten trainiert wird, könnte unbewusst die gleiche Benachteiligung fortsetzen.

- **Unvollständige oder unausgewogene Daten:**

Wenn bestimmte Gruppen in den Trainingsdaten unterrepräsentiert sind, kann das Modell Schwierigkeiten haben, für diese Gruppen korrekte Vorhersagen zu treffen.

Beispielsweise könnte ein Gesichtserkennungssystem, das überwiegend mit Bildern von hellhäutigen Personen trainiert wurde, dunkelhäutige Personen weniger genau erkennen.

- **Verzerrte Labels:**

Die Kategorien oder Labels, mit denen Daten klassifiziert werden, können Vorurteile enthalten. Ein Beispiel wäre ein Datensatz, der bestimmte Berufsgruppen wie „Ingenieure" überwiegend männlich und „Pflegekräfte" überwiegend weiblich etikettiert.

- **Ungenaue oder unzureichende Datenqualität:**

Fehlerhafte oder ungenaue Daten können ebenfalls Verzerrungen erzeugen. Wenn etwa Daten zur Polizeiarbeit verwendet werden, um Kriminalitätsmuster vorherzusagen, könnten systemische Probleme wie übermäßige Polizeikontrollen in bestimmten Stadtteilen die Ergebnisse verzerren.

b) Wie führt Bias zu unethischem Verhalten in KI-Systemen?

Wenn KI-Systeme mit voreingenommenen Daten trainiert werden, übernehmen sie diese Vorurteile und treffen Entscheidungen, die unethisch oder diskriminierend sind. Dies kann in vielen Bereichen geschehen:

- **Diskriminierung bei der Jobsuche:**

Ein KI-gestütztes Bewerbermanagementsystem könnte Bewerbungen von Frauen systematisch abwerten, wenn der Algorithmus auf historischen Daten trainiert wurde, die Frauen in technischen Berufen unterrepräsentiert zeigen.

Beispiel: Ein bekanntes Unternehmen verwendete ein solches System, das Bewerbungen mit Begriffen wie „Frauenfußballteam" automatisch schlechter bewertete, da in der Vergangenheit überwiegend Männer in Führungspositionen eingestellt wurden.

- **Ungleichheiten in der Strafjustiz:**

KI-Systeme, die in der Strafjustiz verwendet werden, etwa zur Vorhersage von Rückfallwahrscheinlichkeiten (Predictive Policing), haben gezeigt, dass sie ethnische Minderheiten oft unverhältnismäßig benachteiligen. Die Ursache liegt häufig in den historischen Daten, die eine Überrepräsentation bestimmter Gruppen in der Strafverfolgung widerspiegeln.

Beispiel: Ein solches System könnte Menschen aus sozial benachteiligten Stadtteilen systematisch als „höheres Risiko" einstufen, unabhängig von ihrer tatsächlichen Straffälligkeit.

- **Benachteiligung im Finanzsektor:**

Kreditvergabesysteme, die mit voreingenommenen Daten trainiert wurden, könnten bestimmte Gruppen, etwa Frauen, ethnische Minderheiten oder ältere Menschen, systematisch von Finanzdienstleistungen ausschließen.

Beispiel: Ein KI-System lehnte Kredite für Antragsteller aus bestimmten Postleitzahlengebieten häufiger ab, weil diese Gebiete in der Vergangenheit als wirtschaftlich schwach eingestuft wurden, unabhängig von der individuellen Kreditwürdigkeit.

- **Fehler in der medizinischen Versorgung:**

KI-Systeme im Gesundheitswesen könnten Patienten aus unterrepräsentierten Gruppen schlechter behandeln. Beispielsweise könnte ein Diagnose-Tool, das überwiegend mit Daten von männlichen Patienten trainiert wurde, weibliche Symptome weniger genau erkennen.

Beispiel: Studien zeigen, dass KI-Systeme, die Herzkrankheiten diagnostizieren, bei Frauen oft schlechtere

Ergebnisse liefern, da die Symptome bei Männern und Frauen unterschiedlich sind und die Daten meist männlich dominiert waren.

c) Die ethischen Implikationen von Bias

Bias in KI-Systemen hat schwerwiegende ethische Konsequenzen, da er bestehende Ungleichheiten nicht nur aufrechterhält, sondern oft auch verstärkt. Dies gefährdet grundlegende Prinzipien wie Fairness, Gleichheit und Gerechtigkeit. Die Folgen reichen von individueller Benachteiligung bis hin zu gesellschaftlichen Schäden, da diskriminierende KI-Systeme das Vertrauen in Technologie und Institutionen untergraben.

d) Wie lässt sich Bias bekämpfen?

Um Bias und die damit verbundenen unethischen Verhaltensweisen zu vermeiden, sind gezielte Maßnahmen erforderlich:

- **Sorgfältige Datenauswahl:**

Die Qualität und Diversität der Trainingsdaten ist entscheidend. Es müssen Daten verwendet werden, die möglichst frei von Verzerrungen sind und alle relevanten Gruppen angemessen repräsentieren.

- **Überwachung und Testen:**

KI-Systeme sollten regelmäßig überprüft und getestet werden, um sicherzustellen, dass sie keine diskriminierenden Muster aufweisen.

- **Fairness-Algorithmen:**

Es gibt spezielle Algorithmen, die darauf abzielen, Bias zu erkennen und auszugleichen. Diese können die Gewichtung bestimmter Daten anpassen oder sicherstellen, dass Entscheidungen ausgewogen getroffen werden.

- **Explainable AI:**

  Transparente Modelle helfen dabei, die Ursachen von Bias zu identifizieren und Entscheidungen nachvollziehbar zu machen.

- **Ethische Leitlinien und Regulierung:**

  Hersteller und Betreiber von KI-Systemen müssen klare ethische Standards einhalten, die Diskriminierung ausschließen. Regulierungen können dazu beitragen, diese Standards durchzusetzen.

Bias in KI-Systemen ist kein technisches Randproblem, sondern eine zentrale Herausforderung, die weitreichende ethische Konsequenzen hat. Vorurteile in Daten führen zu unethischem Verhalten, das Menschen benachteiligen und gesellschaftliche Ungleichheiten verstärken kann. Es liegt in der Verantwortung von Entwicklern, Betreibern und Regulierungsbehörden, KI-Systeme so zu gestalten, dass sie fair und gerecht arbeiten. Nur durch bewusste Maßnahmen können wir sicherstellen, dass KI eine Technologie bleibt, die die Gesellschaft voranbringt, anstatt bestehende Probleme zu verschärfen.

2.3.2.2 Beispiele für Bias: Diskriminierung bei der Jobsuche, Kreditvergabe und Polizeiarbeit

Bias in Künstlicher Intelligenz (KI) ist ein ernstzunehmendes Problem, das in vielen Bereichen des täglichen Lebens spürbare Auswirkungen hat. Von der Jobsuche über die Kreditvergabe bis hin zur Polizeiarbeit – KI-Systeme können unbewusst diskriminierende Entscheidungen treffen, die auf Verzerrungen in den zugrunde liegenden Daten oder Algorithmen basieren. Im Folgenden werden konkrete Beispiele beleuchtet, die zeigen, wie Bias entstehen kann und welche Folgen dies für Einzelpersonen und die Gesellschaft hat.

a) Diskriminierung bei der Jobsuche

Ein klassisches Beispiel für Bias in der Jobsuche betrifft automatisierte Bewerbungstools, die KI nutzen, um Lebensläufe zu analysieren und geeignete Kandidaten auszuwählen. Diese Systeme werden oft auf historischen Daten trainiert, die bestehende Vorurteile und Verzerrungen widerspiegeln.

- **Beispiel:** Ein großes Technologieunternehmen setzte ein KI-System ein, um Bewerbungen für technische Positionen zu bewerten. Das System wurde mit historischen Daten trainiert, die überwiegend männliche Bewerber als erfolgreich einstuften. Als Folge bevorzugte das System automatisch Bewerbungen, die männlich kodierte Begriffe wie „Fußballteam" oder „technischer Leiter" enthielten, während es weibliche Begriffe wie „Frauenfußballteam" oder „Klassensprecherin" abwertete. Dieses Verhalten führte dazu, dass qualifizierte weibliche Kandidaten systematisch benachteiligt wurden.
- **Konsequenz:** Solche Systeme verstärken bestehende Ungleichheiten und reproduzieren unbewusste Vorurteile, anstatt sie zu beseitigen.

b) Diskriminierung bei der Kreditvergabe

Im Finanzwesen setzen Banken und Kreditinstitute zunehmend auf KI, um Entscheidungen über Kreditvergaben zu automatisieren. Diese Systeme analysieren historische Daten, um zu bewerten, ob ein Antragsteller kreditwürdig ist. Bias in den Daten oder Algorithmen kann jedoch zu diskriminierenden Ergebnissen führen.

- **Beispiel:** Ein bekanntes FinTech-Unternehmen entwickelte ein KI-System, das Kreditanträge basierend auf Daten wie Einkommen, Wohnort und früherem Zahlungsverhalten bewertete. Da die Daten jedoch historische Ungleichheiten widerspiegelten, wurden Antragsteller aus

bestimmten Postleitzahlengebieten, die als wirtschaftlich schwächer galten, systematisch abgelehnt – unabhängig von ihrer tatsächlichen Kreditwürdigkeit. Diese Postleitzahlen waren oft mit bestimmten ethnischen Gruppen korreliert, was zu einer indirekten Diskriminierung führte.
- **Konsequenz:** Solche Systeme verschärfen bestehende soziale und wirtschaftliche Ungleichheiten und schließen benachteiligte Gruppen vom Zugang zu finanziellen Ressourcen aus.

c) Diskriminierung in der Polizeiarbeit (Predictive Policing)

In der Strafverfolgung wird KI häufig zur Vorhersage von Kriminalität eingesetzt. Diese sogenannten „Predictive Policing"-Systeme analysieren historische Daten über Verbrechen, um vorherzusagen, wo und wann zukünftige Straftaten wahrscheinlich auftreten. Bias in den zugrunde liegenden Daten kann jedoch dazu führen, dass bestimmte Bevölkerungsgruppen unverhältnismäßig stark überwacht werden.

- **Beispiel:** Ein Predictive-Policing-System in den USA analysierte Daten über Kriminalitätsvorfälle und empfahl verstärkte Polizeipräsenz in bestimmten Stadtteilen. Diese Empfehlungen basierten jedoch auf historischen Daten, die übermäßige Polizeikontrollen in einkommensschwachen und ethnisch diversen Vierteln widerspiegelten. Als Folge wurden diese Viertel weiterhin verstärkt überwacht, was zu einem Teufelskreis führte: Mehr Polizeipräsenz führte zu mehr registrierten Straftaten, die das System erneut als Grundlage für zukünftige Entscheidungen nutzte.
- **Konsequenz:** Solche Systeme perpetuieren systematische Ungleichheiten in der Strafverfolgung und untergraben das Vertrauen der betroffenen Gemeinschaften in die Gerechtigkeit.

Warum diese Beispiele wichtig sind

Diese Beispiele verdeutlichen, dass Bias in KI nicht nur ein technisches Problem ist, sondern reale Auswirkungen auf das Leben von Menschen hat. Diskriminierung bei der Jobsuche kann Karrieren behindern, ungerechte Kreditvergaben können wirtschaftliche Chancen verwehren, und Verzerrungen in der Polizeiarbeit können bestehende gesellschaftliche Ungleichheiten vertiefen.

d) **Wie kann Bias in solchen Fällen bekämpft werden?**

- **Bewusste Auswahl von Trainingsdaten:**

Die Daten, die zur Schulung von KI-Systemen verwendet werden, müssen sorgfältig geprüft werden, um Verzerrungen zu minimieren.

- **Einsatz von Fairness-Algorithmen:**

Spezielle Algorithmen können genutzt werden, um sicherzustellen, dass Entscheidungen ausgewogen und gerecht getroffen werden.

- **Regelmäßige Audits:**

KI-Systeme sollten regelmäßig überprüft werden, um sicherzustellen, dass sie keine diskriminierenden Muster reproduzieren.

- **Explainable AI (XAI):**

Transparenz in den Entscheidungsprozessen kann helfen, Bias zu erkennen und zu adressieren.

- **Ethische Standards:**

Unternehmen und Behörden sollten ethische Leitlinien einhalten, die Diskriminierung ausschließen und faire Ergebnisse fördern.

Bias in KI-Systemen ist keine theoretische Gefahr, sondern eine reale Herausforderung, die sich in der Jobsuche, der Kreditvergabe und der Polizeiarbeit konkret manifestiert. Um KI zu einer fairen und verantwortungsvollen Technologie zu machen, ist es entscheidend, diese Probleme ernst zu nehmen und Maßnahmen zu ergreifen, um Diskriminierung zu verhindern. Nur so kann KI ihrem Potenzial gerecht werden, Gesellschaften zu unterstützen und nicht bestehende Ungleichheiten zu verstärken.

2.3.2.3 Ansätze zur Bekämpfung von Bias in KI-Systemen

Bias in Künstlicher Intelligenz (KI) stellt eine erhebliche Herausforderung dar, da er unethische Entscheidungen und Diskriminierung fördern kann. Um die Vorteile von KI verantwortungsvoll zu nutzen und gesellschaftliche Ungleichheiten nicht weiter zu verstärken, sind gezielte Maßnahmen notwendig, um Verzerrungen in den Systemen zu erkennen, zu minimieren und zu beseitigen. Im Folgenden werden zentrale Ansätze zur Bekämpfung von Bias in KI-Systemen erläutert.

a) Sorgfältige Datenauswahl und -aufbereitung

Die Grundlage jedes KI-Systems sind die Daten, mit denen es trainiert wird. Verzerrungen in den Daten sind oft die Hauptursache für Bias. Um dies zu vermeiden, sollten folgende Schritte unternommen werden:

- **Diversität in den Daten sicherstellen:** Trainingsdaten sollten möglichst alle relevanten Gruppen angemessen repräsentieren, um Verzerrungen aufgrund von Unterrepräsentation zu vermeiden.

Beispiel: Ein Gesichtserkennungssystem sollte mit Bildern aus unterschiedlichen Altersgruppen, Ethnien und Geschlechtern trainiert werden.

- **Datenbereinigung:** Verzerrte oder fehlerhafte Daten müssen erkannt und entfernt werden, bevor sie in das System eingespeist werden.
- **Bewusstseinsbildung bei der Datensammlung:** Teams, die Daten sammeln, müssen für mögliche Vorurteile sensibilisiert werden, um Verzerrungen von Anfang an zu minimieren.

b) Fairness-Algorithmen und Bias-Korrekturen

Spezielle Algorithmen können eingesetzt werden, um Verzerrungen in den Daten oder Modellen auszugleichen. Diese Algorithmen erkennen, wenn bestimmte Gruppen systematisch benachteiligt werden, und passen die Entscheidungsprozesse entsprechend an.

- **Fairness-Optimierung:** Modelle können so trainiert werden, dass sie gleiche Ergebnisse für unterschiedliche Gruppen sicherstellen. Beispielsweise können Gewichtungen angepasst werden, um systematische Benachteiligungen zu reduzieren.
- **Bias-Monitoring während des Trainings:** Während der Entwicklung eines Modells können spezielle Tools eingesetzt werden, um Bias in Echtzeit zu erkennen und zu korrigieren.
- **Kompensation von Ungleichgewichten:** Wenn bestimmte Gruppen in den Daten unterrepräsentiert sind, können Algorithmen ihre Gewichtung erhöhen, um Chancengleichheit sicherzustellen.

c) Explainable AI (XAI) für Transparenz

Explainable AI (XAI) ist ein entscheidender Ansatz, um Bias in KI-Systemen zu bekämpfen. Durch XAI wird die Entscheidungsfindung eines KI-Systems nachvollziehbar und transparent gemacht.

- **Erklärung von Entscheidungsprozessen:** Systeme können entwickelt werden, die nicht nur Ergebnisse liefern, sondern auch aufzeigen, welche Faktoren und Daten zur Entscheidung beigetragen haben.

Beispiel: Ein Kreditsystem könnte erklären, warum ein Antrag abgelehnt wurde, indem es die relevanten Kriterien offenlegt.

- **Visualisierung von Bias:** Tools zur Visualisierung von Verzerrungen in den Daten oder Entscheidungen helfen Entwicklern, Probleme frühzeitig zu erkennen.

- **Verständnis fördern:** XAI ermöglicht es nicht nur Experten, sondern auch Endnutzern, die Ergebnisse eines KI-Systems zu hinterfragen und gegebenenfalls Einspruch zu erheben.

d) Regelmäßige Audits und Tests

KI-Systeme sollten regelmäßig überprüft werden, um sicherzustellen, dass sie keine diskriminierenden Entscheidungen treffen. Audits können systematisch Schwachstellen identifizieren und beheben.

- **Bias-Audits:** Externe oder interne Prüfungen können durchgeführt werden, um die Fairness eines Systems zu bewerten und Verzerrungen aufzudecken.
- **Kontinuierliches Monitoring:** KI-Systeme müssen auch nach der Einführung kontinuierlich überwacht werden, da sich Bias durch neue Daten oder veränderte Umstände entwickeln kann.

e) Ethische Leitlinien und Regulierung

Ein klarer Rahmen aus ethischen Prinzipien und rechtlichen Vorgaben ist notwendig, um Bias in KI-Systemen zu bekämpfen. Unternehmen, Organisationen und Regierungen sollten gemeinsam daran arbeiten, solche Standards zu etablieren.

- **Ethische Leitlinien:** Unternehmen sollten ethische Standards entwickeln, die Fairness, Transparenz und Verantwortlichkeit fördern. Diese Standards müssen in den Entwicklungsprozess von KI integriert werden.
- **Regulierung und Compliance:** Regulierungsbehörden können durch Gesetze und Vorschriften sicherstellen, dass KI-Systeme fair und diskriminierungsfrei arbeiten.

Beispiel: Die Europäische Union plant verbindliche Vorgaben für den Einsatz von Hochrisiko-KI-Systemen, einschließlich Anforderungen an Transparenz und Fairness.

f) Interdisziplinäre Zusammenarbeit

Bias in KI ist nicht nur ein technisches Problem. Es erfordert Expertise aus verschiedenen Bereichen wie Ethik, Soziologie, Recht und Informatik.

- **Beteiligung von Ethik- und Rechtsexperten:** Diese Fachleute können sicherstellen, dass die Systeme im Einklang mit gesellschaftlichen Werten und rechtlichen Vorgaben stehen.
- **Feedback von Betroffenen:** Personen, die direkt von den Entscheidungen eines KI-Systems betroffen sind, sollten in die Entwicklung und Überprüfung eingebunden werden.

Die Bekämpfung von Bias in KI-Systemen erfordert einen systematischen und ganzheitlichen Ansatz, der die gesamte Entwicklungskette umfasst – von der Datensammlung über die Modellierung bis hin zur Implementierung und Überwachung. Sorgfältige Datenauswahl, Fairness-Algorithmen, Transparenz durch XAI und ethische Standards sind entscheidende Schritte, um sicherzustellen, dass KI-Systeme gerecht und verantwortungsvoll arbeiten. Nur durch diese Maßnahmen kann KI ihr Potenzial als transformative und vertrauenswürdige Technologie entfalten.

2.3.3 Der Mensch in der Maschine

2.3.3.1 Kann KI moralische Werte erlernen?

Die Frage, ob Künstliche Intelligenz (KI) in der Lage ist, moralische Werte zu erlernen, führt uns in den Kern der Diskussion darüber, was KI leisten kann – und wo ihre Grenzen liegen. Während KI-Systeme immer besser darin werden, Muster zu erkennen, Daten zu analysieren und Entscheidungen zu treffen, bleibt die Herausforderung bestehen, ob sie auch „verstehen" können, was richtig und was falsch ist. Moralische Werte sind tief in menschlichen Erfahrungen, Emotionen und sozialen Normen verwurzelt. Kann eine Maschine, die keine Gefühle hat und kein Bewusstsein besitzt, tatsächlich moralische Prinzipien anwenden, oder ist sie dazu verdammt, lediglich menschliche Vorstellungen von Moral zu simulieren?

Moralische Werte sind das Fundament, auf dem unsere Gesellschaft aufgebaut ist. Sie bestimmen, wie wir uns zueinander verhalten, wie wir Entscheidungen treffen und welche Regeln wir als gerecht empfinden. Für KI-Systeme, die zunehmend in kritischen Bereichen wie Gesundheitsversorgung, Strafjustiz oder Mobilität Entscheidungen treffen, sind diese Werte von zentraler Bedeutung. Schließlich möchten wir sicherstellen, dass die von KI getroffenen Entscheidungen fair, gerecht und im Einklang mit unseren ethischen Vorstellungen stehen.

Doch wie können Maschinen moralische Prinzipien „lernen"? Ein naheliegender Ansatz ist es, ihnen Regeln vorzugeben. Ein autonomes Fahrzeug könnte beispielsweise so programmiert werden, dass es das Leben von Fußgängern in einer Gefahrensituation priorisiert. Diese regelbasierten Systeme wirken jedoch schnell begrenzt, da sie nur so moralisch sind wie die Vorgaben, die ihre Entwickler ihnen geben. Sobald eine Situation eintritt, die nicht in den Regeln vorgesehen ist, kann die Maschine nur scheitern.

Ein anderer Ansatz besteht darin, KI-Systeme mit Daten zu trainieren, die menschliche Entscheidungen und moralische

Urteile abbilden. Ein solches System könnte analysieren, wie Richter in der Vergangenheit geurteilt haben, und daraus Muster ableiten. Es könnte lernen, welche Faktoren typischerweise zu einer milderen oder strengeren Strafe führen. Doch auch hier stellt sich die Frage: Wenn die zugrunde liegenden Daten Vorurteile oder Ungerechtigkeiten enthalten, wird die KI diese übernehmen? Und kann sie überhaupt „verstehen", warum eine Entscheidung moralisch richtig oder falsch ist, oder imitiert sie nur das, was sie gelernt hat?

Die größte Herausforderung für KI bleibt das Fehlen von Empathie. Moralische Entscheidungen erfordern oft ein tiefes Einfühlungsvermögen in die Situation anderer Menschen. Sie erfordern das Abwägen von Kontexten, Emotionen und langfristigen Konsequenzen – Fähigkeiten, die Maschinen grundsätzlich fehlen. Ein KI-System mag erkennen, dass ein bestimmter medizinischer Eingriff statistisch die besten Heilungschancen bietet, doch es kann nicht beurteilen, wie diese Entscheidung das Leben eines Patienten emotional beeinflusst.

Praktische Beispiele verdeutlichen, wie schwierig diese Fragen sind. In der Automobilindustrie stehen Hersteller autonomer Fahrzeuge vor moralischen Dilemmata: Was soll das Fahrzeug tun, wenn ein Unfall unvermeidlich ist und es zwischen dem Schutz seiner Insassen und dem Schutz von Fußgängern entscheiden muss? In der Medizin wiederum kann eine KI, die Patientendaten analysiert, entscheiden, wer bei knappen Ressourcen wie Organspenden priorisiert wird. Beide Fälle zeigen, dass moralische Entscheidungen nicht nur von Regeln oder Daten abhängen, sondern oft von komplexen, menschlichen Werten geprägt sind.

Auch wenn KI moralische Werte nicht im selben Sinne wie Menschen „verstehen" kann, ist es möglich, sie so zu gestalten, dass sie Entscheidungen trifft, die mit moralischen Prinzipien im Einklang stehen. Die Entwicklung solcher Systeme erfordert jedoch einen bewussten, interdisziplinären

Ansatz. Informatiker müssen mit Ethikern, Soziologen und Rechtsexperten zusammenarbeiten, um sicherzustellen, dass die Entscheidungen der KI unsere Werte widerspiegeln und nicht unbeabsichtigt schaden.

Gleichzeitig bleibt die Rolle des Menschen in diesen Prozessen unverzichtbar. KI kann und sollte kein Ersatz für menschliche Urteilsfähigkeit sein. Vielmehr sollte sie als Werkzeug gesehen werden, das unsere Entscheidungsfindung unterstützt, aber immer von Menschen überwacht und hinterfragt werden muss. Die Grenzen von KI liegen nicht nur in ihrer technischen Architektur, sondern auch in ihrer Unfähigkeit, das menschliche Leben in seiner Komplexität zu begreifen.

Letztlich zeigt die Frage, ob KI moralische Werte erlernen kann, dass es nicht nur darum geht, wie leistungsfähig unsere Technologien sind, sondern auch, wie wir sie gestalten und verantwortungsvoll einsetzen. KI mag keine eigene Moral besitzen, aber wir als Menschen sind dafür verantwortlich, dass ihre Entscheidungen moralischen Prinzipien folgen. Nur so kann KI eine Technologie bleiben, die nicht nur leistungsstark, sondern auch vertrauenswürdig ist.

2.3.3.2 Philosophische Debatten: Kann eine Maschine wirklich „ethisch" handeln?

Die Frage, ob Maschinen tatsächlich „ethisch" handeln können, ist nicht nur eine technische, sondern vor allem eine philosophische Herausforderung. Sie berührt die Grundlagen dessen, was wir als ethisches Handeln verstehen, und konfrontiert uns mit der Essenz menschlicher Moral. Während KI-Systeme immer komplexere Aufgaben übernehmen und Entscheidungen treffen, stellt sich die zentrale Frage: Ist es möglich, dass eine Maschine wirklich moralisch handelt, oder handelt es sich lediglich um eine Imitation ethischen Verhaltens?

Um diese Frage zu beantworten, müssen wir zunächst

betrachten, was ethisches Handeln eigentlich bedeutet. Ethik ist weit mehr als das Befolgen von Regeln. Sie setzt voraus, dass ein Handelnder die Konsequenzen seiner Entscheidungen versteht, die Auswirkungen auf andere abwägt und dabei moralische Prinzipien berücksichtigt. Moralisches Handeln erfordert nicht nur Wissen über richtig und falsch, sondern auch Bewusstsein, Empathie und die Fähigkeit, in komplexen und oft widersprüchlichen Situationen Entscheidungen zu treffen.

Maschinen jedoch, selbst die fortschrittlichsten KI-Systeme, haben kein Bewusstsein. Sie folgen Algorithmen, die von Menschen programmiert wurden, und analysieren Daten, um Muster zu erkennen. Eine Maschine mag so programmiert sein, dass sie ethische Prinzipien berücksichtigt, doch das bedeutet nicht, dass sie diese Prinzipien wirklich „versteht". Eine KI, die etwa entscheidet, wie Ressourcen in einem Krankenhaus verteilt werden sollen, kann statistische Modelle verwenden, um die effizienteste Verteilung zu ermitteln. Doch sie wird niemals in der Lage sein, die emotionale und moralische Dimension dieser Entscheidungen wirklich nachzuvollziehen – etwa, was es bedeutet, einem Patienten die Behandlung zu verweigern.

Philosophen diskutieren intensiv darüber, ob diese Einschränkung bedeutet, dass Maschinen niemals ethisch handeln können. Einige vertreten die Ansicht, dass moralisches Handeln Bewusstsein und freien Willen erfordert – Eigenschaften, die Maschinen prinzipiell nicht besitzen. Nach dieser Perspektive kann eine Maschine nur so ethisch handeln, wie ihre Entwickler sie programmiert haben. Ihre „Moral" ist also nicht eigenständig, sondern lediglich ein Spiegel der Werte und Entscheidungen ihrer Schöpfer.

Andere hingegen argumentieren, dass Maschinen nicht bewusst oder frei handeln müssen, um ethisch zu sein. Sie verweisen darauf, dass viele menschliche Handlungen ebenfalls routinemäßig und regelbasiert sind, ohne dass der Handelnde jedes Mal tiefere moralische Überlegungen anstellt. Ein Arzt, der nach etablierten Protokollen handelt, trifft zwar ethische Entscheidungen, folgt dabei jedoch oft festen Regeln. In diesem Sinne könnte auch eine Maschine „ethisch handeln", wenn sie in der Lage ist, moralische Prinzipien effektiv umzusetzen.

Die Debatte um die moralische Kompetenz von Maschinen hat weitreichende Implikationen. Wenn wir anerkennen, dass Maschinen niemals vollständig ethisch handeln können, bedeutet dies, dass die Verantwortung für ihre Entscheidungen immer bei den Menschen bleibt, die sie entwickeln und einsetzen. Dies macht es umso wichtiger, dass wir klare ethische Leitlinien für die Gestaltung und Nutzung von KI entwickeln.

Gleichzeitig fordert uns diese Debatte dazu auf, unsere eigenen moralischen Prinzipien zu reflektieren. Was bedeutet es, ethisch zu handeln? Und welche Verantwortung tragen wir, wenn wir Maschinen mit Aufgaben betrauen, die moralische Entscheidungen erfordern? Letztlich bleibt die zentrale Erkenntnis, dass Maschinen zwar immer leistungsfähiger werden, doch die Fähigkeit zu echtem moralischem Handeln bleibt ein Merkmal, das uns Menschen vorbehalten ist. Die Debatte darüber, wie wir diese Grenzen respektieren und gestalten, wird bestimmen, wie verantwortungsvoll wir die Technologien der Zukunft einsetzen.

2.3.3.3 Die Rolle des Menschen in der Gestaltung moralischer Maschinen

Die Entwicklung Künstlicher Intelligenz (KI) hat uns nicht nur vor technische, sondern auch vor tiefgreifende ethische Herausforderungen gestellt. Mit der zunehmenden Verlagerung von Entscheidungsprozessen auf Maschinen wächst die Verantwortung, sicherzustellen, dass diese Entscheidungen mit den moralischen Werten der Gesellschaft im Einklang stehen. Doch Maschinen besitzen weder ein eigenes Bewusstsein noch die Fähigkeit, moralische Prinzipien zu verstehen. Hier kommt der Mensch ins Spiel: Die Gestaltung moralischer Maschinen ist untrennbar mit den Menschen verbunden, die sie entwickeln, trainieren und einsetzen.

Die Verantwortung des Menschen beginnt bereits bei der Konzeption von KI-Systemen. Entwickler müssen sich der ethischen Implikationen ihrer Arbeit bewusst sein und sicherstellen, dass moralische Prinzipien in den Algorithmus integriert werden. Dies erfordert nicht nur technisches Fachwissen, sondern auch eine Auseinandersetzung mit ethischen Grundsätzen. Fragen wie „Welche Werte sollten das System leiten?" oder „Welche Prioritäten gelten in Konfliktsituationen?" müssen klar beantwortet werden. Der Mensch entscheidet, welche Regeln die Maschine befolgen soll und welche Konsequenzen akzeptabel sind – und trägt damit die Verantwortung für die moralische Ausrichtung der Technologie.

Doch moralische Maschinen entstehen nicht allein durch technische Programmierung. Sie erfordern eine interdisziplinäre Zusammenarbeit zwischen Informatikern, Ethikern, Soziologen und anderen Fachbereichen. Die Gestaltung solcher Systeme muss berücksichtigen, dass moralische Werte nicht universell sind, sondern kulturelle, soziale und individuelle Unterschiede aufweisen. Was in einer Gesellschaft als ethisch angesehen wird, kann in einer anderen auf Ablehnung stoßen. Der Mensch übernimmt die Aufgabe, diese Werte in einen technologischen Kontext zu übersetzen, ohne dabei Komplexität und Vielfalt zu opfern.

Die Rolle des Menschen endet jedoch nicht bei der Entwicklung. Auch im Betrieb von KI-Systemen ist die menschliche Kontrolle unverzichtbar. Das Konzept des „Human-in-the-Loop" beschreibt die Einbindung des Menschen in den Entscheidungsprozess, insbesondere bei sensiblen oder kritischen Anwendungen. Hier bleibt der Mensch die letzte Instanz, die Entscheidungen überprüft, korrigiert oder übernimmt, wenn die Maschine an ihre Grenzen stößt. Dies ist nicht nur ein technisches, sondern auch ein moralisches Prinzip: Entscheidungen, die das Leben und die Würde von Menschen betreffen, dürfen nicht allein Maschinen überlassen werden.

Ein zentrales Anliegen bei der Gestaltung moralischer Maschinen ist zudem die Transparenz. Nutzer und Betroffene müssen verstehen können, wie und warum eine Maschine eine bestimmte Entscheidung trifft. Dies schafft nicht nur Vertrauen, sondern ermöglicht es auch, Fehler oder Verzerrungen im System zu erkennen und zu beheben. Der Mensch ist dafür verantwortlich, diese Transparenz sicherzustellen – sowohl durch die Entwicklung erklärbarer Systeme als auch durch klare Kommunikation mit den Nutzern.

Die Gestaltung moralischer Maschinen ist ein kontinuierlicher Prozess, der ständige Reflexion und Anpassung erfordert. Gesellschaften entwickeln sich weiter, und mit ihnen verändern sich auch moralische Werte. Der Mensch muss sicherstellen, dass KI-Systeme flexibel genug sind, um diese Veränderungen zu berücksichtigen, und gleichzeitig robust genug, um moralische Standards nicht zu gefährden.

Letztendlich bleibt die Erkenntnis, dass Maschinen niemals moralisch unabhängig handeln können. Sie sind Werkzeuge, deren ethische Ausrichtung von den Menschen bestimmt wird, die sie gestalten und verwenden. Die Rolle des Menschen in diesem Prozess ist nicht nur eine technische, sondern vor allem eine moralische Verantwortung. Es liegt an uns, sicherzustellen, dass KI-Systeme nicht nur leistungsfähig, sondern auch gerecht und menschlich bleiben. Denn die Zukunft moralischer Maschinen ist untrennbar mit den Werten und Entscheidungen der Menschen verbunden, die sie gestalten.

3 Sicherheitsbedenken und technische Validierung

3.1 Cybersecurity und KI

Cybersecurity, oder Cybersicherheit, bezeichnet den Schutz von Computersystemen, Netzwerken und digitalen Daten vor unbefugtem Zugriff, Angriffen, Diebstahl oder Zerstörung. In einer zunehmend vernetzten Welt, in der nahezu jeder Aspekt unseres Lebens digital erfasst und verarbeitet wird, ist Cybersecurity zu einer der wichtigsten Herausforderungen unserer Zeit geworden. Künstliche Intelligenz (KI) spielt dabei eine zentrale Rolle, sowohl als Verteidigungsmittel als auch als Werkzeug für Angreifer. IM Folgenden möchte ich darauf eingehen, wie KI positiv aber auch negativ auf das Problem der Cybersicherheit weinwirkt

3.1.1 Wie KI-Cyberangriffe verstärkt und verteidigt

Mit dem Aufstieg Künstlicher Intelligenz (KI) hat sich die Landschaft der Cybersecurity grundlegend verändert. KI ist heute nicht nur ein mächtiges Werkzeug zur Verteidigung gegen Cyberangriffe, sondern auch eine Technologie, die von Angreifern genutzt wird, um ihre  Methoden zu verfeinern und zu automatisieren. Dieser doppelte Einsatz von KI – sowohl als Verteidigerin als auch als Angreiferin – stellt eine der größten Herausforderungen in der digitalen Sicherheit dar.

Auf der einen Seite ermöglicht KI-Sicherheitslösungen, die weit über die Fähigkeiten traditioneller Systeme hinausgehen. Moderne KI-gestützte Sicherheitslösungen können riesige Datenmengen analysieren, ungewöhnliche Muster erkennen und potenzielle Bedrohungen in Echtzeit identifizieren. Auf der anderen Seite wird dieselbe Technologie von Cyberkriminellen genutzt, um Angriffe zu automatisieren, zu personalisieren und immer schwieriger zu entdecken.

3.1.1.1 KI als Verstärker von Cyberangriffen

Die Nutzung von KI durch Cyberkriminelle hat die Dynamik von Cyberangriffen verändert. Früher waren Angriffe oft manuell und aufwendig; heute können sie durch KI automatisiert und hochgradig personalisiert werden. Eine der gefährlichsten Entwicklungen ist der Einsatz von KI zur Durchführung von Phishing-Angriffen. KI-Modelle analysieren in Sekundenbruchteilen soziale Netzwerke, E-Mails und andere Daten, um personalisierte Nachrichten zu erstellen, die täuschend echt wirken. Ein solcher Angriff könnte beispielsweise eine perfekt formulierte E-Mail enthalten, die vorgibt, von einem Kollegen oder Vorgesetzten zu stammen, und den Empfänger dazu bringt, sensible Informationen preiszugeben.

Ein weiteres Beispiel für die Nutzung von KI bei Cyberangriffen ist der Einsatz von „Deepfakes". Diese Technologie, die ursprünglich zur Erstellung realistischer, aber gefälschter Videos entwickelt wurde, kann von Angreifern genutzt werden, um Desinformation zu verbreiten oder Menschen zu täuschen. So gab es bereits Fälle, in denen gefälschte Sprachaufnahmen von Führungskräften dazu verwendet wurden, Mitarbeiter zu betrügen und finanzielle Transaktionen einzuleiten.

KI wird auch für die Entwicklung von Schadsoftware genutzt, die intelligenter und anpassungsfähiger ist als je zuvor. Solche Programme können in Echtzeit auf Sicherheitsmaßnahmen reagieren und ihre Taktiken ändern, um unerkannt zu bleiben. Sie sind in der Lage, Schwachstellen in Netzwerken oder Anwendungen schneller zu erkennen und auszunutzen, als es ein Mensch jemals könnte. Dadurch werden Angriffe nicht nur effektiver, sondern auch schwerer abzuwehren.

3.1.1.2 KI als Verteidigerin in der Cybersecurity

Gleichzeitig ist KI ein unverzichtbares Werkzeug geworden, um sich gegen diese hochentwickelten Bedrohungen zu verteidigen. KI-gestützte Sicherheitslösungen arbeiten mit riesigen Datenmengen und sind in der Lage, Muster und Anomalien zu erkennen, die für menschliche Analysten unsichtbar bleiben. Dies ist besonders in der heutigen Zeit wichtig, in der Cyberangriffe immer ausgeklügelter und häufiger werden.

Ein zentrales Einsatzgebiet von KI in der Cybersecurity ist die Bedrohungserkennung. KI-Systeme analysieren kontinuierlich den Datenverkehr in Netzwerken und suchen nach Anomalien, die auf einen potenziellen Angriff hinweisen könnten. Beispielsweise kann eine KI ungewöhnliche Login-Versuche erkennen, die auf einen Brute-Force-Angriff hindeuten, oder Datenverkehr identifizieren, der auf den Abfluss sensibler Informationen hindeutet. Diese Erkennung erfolgt in Echtzeit, sodass Sicherheitsmaßnahmen sofort eingeleitet werden können.

Ein weiteres wichtiges Anwendungsfeld ist die Automatisierung von Reaktionen auf Cyberangriffe. KI-Systeme können nicht nur Bedrohungen erkennen, sondern auch automatische Gegenmaßnahmen einleiten, etwa das Isolieren eines infizierten Systems oder das Blockieren verdächtiger IP-Adressen. Diese automatisierten Reaktionen sind besonders wertvoll, da sie schnell und ohne menschliches Eingreifen erfolgen können, was in kritischen Situationen entscheidend sein kann.

KI wird auch verwendet, um Schwachstellen in Systemen zu identifizieren, bevor Angreifer sie ausnutzen können. Durch die Analyse von Software, Netzwerken und Geräten kann KI potenzielle Sicherheitslücken aufdecken und Empfehlungen zur Behebung dieser Schwachstellen geben. Dies trägt dazu bei, das Risiko von Angriffen zu minimieren und Systeme proaktiv zu schützen.

3.1.1.3 Der Balanceakt zwischen Verteidigung und Missbrauch

Die Doppelrolle von KI in der Cybersecurity – als Verteidigerin und als Werkzeug für Angreifer – zeigt, wie komplex die Herausforderungen in diesem Bereich sind. Während Sicherheitslösungen immer intelligenter werden, entwickeln Angreifer ständig neue Methoden, um diese Technologien zu umgehen oder selbst zu nutzen. Dies führt zu einem ständigen Wettlauf zwischen Angreifern und Verteidigern, in dem der technologische Fortschritt oft beide Seiten gleichermaßen stärkt.

Eine der größten Herausforderungen besteht darin, sicherzustellen, dass KI-gestützte Sicherheitslösungen nicht selbst zum Ziel von Angriffen werden. Angreifer könnten versuchen, KI-Modelle zu manipulieren, etwa durch das Einspeisen falscher Daten, um das System zu verwirren oder falsche Entscheidungen zu provozieren. Dieser sogenannte „Adversarial Attack" zeigt, dass auch die Verteidigung durch KI anfällig für Missbrauch ist und kontinuierlich überwacht und verbessert werden muss.

3.1.1.4 Die Zukunft von KI in der Cybersecurity

Die Zukunft der Cybersecurity wird maßgeblich von der Entwicklung und Integration von KI geprägt sein. Während Angreifer ihre Taktiken weiter verfeinern, müssen Verteidiger auf immer intelligentere Sicherheitslösungen setzen, um Schritt zu halten. Gleichzeitig ist es entscheidend, ethische und rechtliche Standards für den Einsatz von KI in der Cybersecurity zu entwickeln, um Missbrauch zu verhindern und Vertrauen in die Technologie aufzubauen.

Die Rolle des Menschen wird in diesem Prozess entscheidend bleiben. Obwohl KI beeindruckende Fähigkeiten in der Cybersecurity zeigt, ist menschliches Urteilsvermögen unverzichtbar, um komplexe Bedrohungen zu analysieren, strategische Entscheidungen zu treffen und sicherzustellen, dass KI-Systeme verantwortungsvoll eingesetzt werden. Letztlich wird die effektive Nutzung von KI in der Cybersecurity davon abhängen, wie gut wir diese Technologie verstehen, gestalten und überwachen – sowohl in ihrer Funktion als Verteidigerin als auch in ihrem potenziellen Missbrauch.

3.1.2 Risiken durch autonome Schadsoftware

Die Entwicklung Künstlicher Intelligenz (KI) hat die Art und Weise, wie Cyberangriffe durchgeführt werden, revolutioniert. Eine der alarmierendsten Konsequenzen ist die Entstehung autonomer Schadsoftware – Programme, die eigenständig agieren, sich an wechselnde Bedingungen anpassen und Angriffsmethoden weiterentwickeln können. Diese Form der Cyberbedrohung hat das Potenzial, herkömmliche Sicherheitsmaßnahmen zu überlisten und in nie dagewesenem Ausmaß Schaden anzurichten. Autonome Schadsoftware ist kein bloßes Szenario aus Science-Fiction-Filmen, sondern eine reale Gefahr, die bereits heute ernsthafte Herausforderungen für die Cybersecurity darstellt.

Traditionelle Schadsoftware wie Viren, Würmer oder Trojaner wird in der Regel von Angreifern programmiert, die ihre Angriffsmethoden manuell anpassen. Autonome Schadsoftware hingegen nutzt die Möglichkeiten von KI, um ihre Strategien eigenständig zu verbessern. Diese Programme können Umgebungen analysieren, Schwachstellen erkennen und ihre Angriffswege dynamisch verändern. Dies macht sie nicht nur effektiver, sondern auch schwerer vorhersehbar und abwehrbar. Der große Unterschied liegt darin, dass autonome Schadsoftware in der Lage ist, ihre Taktik in Echtzeit an neue Bedingungen anzupassen – eine Fähigkeit, die sie von herkömmlicher Schadsoftware unterscheidet.

Ein besonders beunruhigendes Beispiel ist der Einsatz von Machine-Learning-Techniken, mit denen autonome

Schadsoftware Sicherheitsmaßnahmen gezielt umgeht. Solche Programme könnten etwa lernen, wie Firewalls oder Intrusion-Detection-Systeme funktionieren, und diese Mechanismen gezielt umgehen. Sie könnten auch die Muster von Nutzern analysieren, um sich unauffällig in bestehende Systeme einzuschleusen. So könnte autonome Schadsoftware beispielsweise Login-Daten stehlen, indem sie sich an das typische Verhalten eines Nutzers anpasst und so verdächtige Aktivitäten vermeidet.

Noch gefährlicher wird die Situation, wenn autonome Schadsoftware in der Lage ist, sich selbst zu replizieren und zu verbreiten. Ein solches Programm könnte sich in Netzwerken bewegen, neue Schwachstellen identifizieren und andere Geräte infizieren – alles ohne direkten Eingriff eines menschlichen Angreifers. Die Fähigkeit, sich selbstständig zu vermehren und weiterzuentwickeln, macht diese Art von Bedrohung besonders schwer kontrollierbar. Sie stellt Sicherheitsverantwortliche vor die Herausforderung, nicht nur bestehende Schwachstellen zu schließen, sondern auch auf neue und unvorhergesehene Angriffe vorbereitet zu sein.

Ein Beispiel, das zeigt, wie gefährlich autonome Schadsoftware werden kann, ist der hypothetische Einsatz in kritischen Infrastrukturen. Angenommen, eine solche Schadsoftware infiltriert das Stromnetz eines Landes. Sie könnte lernen, wie das Netz gesteuert wird, gezielt Schwachstellen ausnutzen und im schlimmsten Fall großflächige Stromausfälle verursachen. Der wirtschaftliche Schaden und die gesellschaftlichen Folgen wären verheerend. Noch beunruhigender ist die Vorstellung, dass solche Programme von Staaten oder kriminellen Organisationen entwickelt und eingesetzt werden könnten, um gezielte Angriffe auf rivalisierende Länder oder Unternehmen durchzuführen.

Die Verteidigung gegen autonome Schadsoftware stellt die Cybersecurity vor enorme Herausforderungen. Herkömmliche Sicherheitslösungen wie Firewalls, Antivirenprogramme oder

Signatur-basierte Systeme stoßen hier schnell an ihre Grenzen. Diese Technologien sind darauf ausgelegt, bekannte Bedrohungen zu identifizieren, können jedoch kaum mit der Dynamik und Anpassungsfähigkeit autonomer Schadsoftware mithalten. Um sich gegen solche Bedrohungen zu schützen, sind neue Ansätze erforderlich, die ebenfalls auf KI basieren. Diese defensiven Systeme müssen in der Lage sein, das Verhalten von Schadsoftware zu analysieren, Anomalien zu erkennen und Gegenmaßnahmen in Echtzeit zu ergreifen.

Ein weiterer Ansatz zur Bekämpfung autonomer Schadsoftware ist die Zusammenarbeit zwischen Unternehmen, Regierungen und internationalen Organisationen. Der Austausch von Informationen über neue Bedrohungen, Schwachstellen und erfolgreiche Abwehrstrategien ist entscheidend, um die immer raffinierteren Angriffe abwehren zu können. Gleichzeitig ist es wichtig, ethische und rechtliche Rahmenbedingungen für die Entwicklung und Nutzung von KI zu schaffen, um den Missbrauch dieser Technologie zu verhindern.

Die Risiken durch autonome Schadsoftware verdeutlichen, wie dringend es ist, in die Forschung und Entwicklung innovativer Cybersecurity-Lösungen zu investieren. Gleichzeitig zeigt diese Bedrohung, dass die Verantwortung für Cybersecurity nicht allein bei Technologieunternehmen liegt, sondern eine gemeinsame Aufgabe von Regierungen, Unternehmen und Individuen ist. Nur durch ein Zusammenspiel von technologischer Innovation, internationaler Zusammenarbeit und ethischer Verantwortung kann es gelingen, den Risiken autonomer Schadsoftware zu begegnen und die Sicherheit in der digitalen Welt zu gewährleisten.

3.1.3 Sicherheitsstrategien gegen KI-basierte Bedrohungen

Die rasante Entwicklung von Künstlicher Intelligenz (KI) hat die Welt der Cybersecurity revolutioniert. Während KI einerseits als effektives Werkzeug zur Verteidigung gegen Cyberangriffe eingesetzt wird, stellt sie andererseits selbst eine neue Klasse von Bedrohungen dar. KI-basierte Angriffe sind intelligenter, anpassungsfähiger und oft schwerer zu erkennen als herkömmliche Cyberangriffe. Um diesen Bedrohungen zu begegnen, müssen Sicherheitsstrategien entwickelt werden, die nicht nur auf technologische Lösungen setzen, sondern auch organisatorische, rechtliche und gesellschaftliche Aspekte berücksichtigen.

Eine der wichtigsten Sicherheitsstrategien ist die Integration von KI in die Verteidigungssysteme selbst. KI-gestützte Sicherheitslösungen können große Datenmengen in Echtzeit analysieren, um Anomalien zu erkennen, die auf potenzielle Angriffe hinweisen. So können ungewöhnliche Muster im Netzwerkverkehr, wie eine plötzliche Flut von Datenanfragen, frühzeitig als Anzeichen eines Angriffs identifiziert werden. KI ermöglicht es, Bedrohungen schneller zu erkennen und Gegenmaßnahmen einzuleiten, bevor Angreifer ernsthaften Schaden anrichten können.

Ein entscheidender Bestandteil moderner Sicherheitsstrategien ist die Fähigkeit, Bedrohungen nicht nur zu erkennen, sondern auch darauf zu reagieren. KI-basierte Systeme können automatisierte Gegenmaßnahmen ergreifen, etwa indem sie verdächtige Verbindungen blockieren, infizierte Geräte isolieren oder Zugriffsrechte vorübergehend einschränken. Diese automatisierten Reaktionen sind besonders wichtig in einer Zeit, in der Angriffe immer schneller und komplexer werden. Menschliche Sicherheitsanalysten würden oft nicht in der Lage sein, in der benötigten Geschwindigkeit zu reagieren.

Eine weitere Strategie gegen KI-basierte Bedrohungen ist die Verbesserung der Resilienz von Systemen. Dies umfasst Maßnahmen wie regelmäßige Updates, das Schließen bekannter Schwachstellen und die Implementierung von Verschlüsselungstechnologien. Resilienz bedeutet jedoch nicht nur technische Robustheit, sondern auch die Fähigkeit, nach einem Angriff schnell wiederherzustellen und aus Vorfällen zu lernen. KI kann hierbei unterstützen, indem sie Angriffsmuster analysiert und Empfehlungen gibt, wie ähnliche Bedrohungen in Zukunft verhindert werden können.

Die Zusammenarbeit zwischen verschiedenen Akteuren spielt ebenfalls eine zentrale Rolle in den Sicherheitsstrategien gegen KI-basierte Bedrohungen. Cyberangriffe kennen keine geografischen Grenzen, weshalb der Austausch von Informationen über neue Bedrohungen und erfolgreiche Abwehrmaßnahmen entscheidend ist. Unternehmen, Regierungen und internationale Organisationen müssen gemeinsame Standards entwickeln, um den globalen Herausforderungen begegnen zu können. Diese Zusammenarbeit kann durch den Einsatz von KI weiter unterstützt werden, indem beispielsweise zentrale Datenbanken geschaffen werden, die Bedrohungen in Echtzeit analysieren und teilen.

Neben technologischen und organisatorischen Maßnahmen ist auch die Schulung von Mitarbeitern ein wesentlicher Bestandteil der Sicherheitsstrategien. Viele Angriffe, insbesondere Phishing-Attacken, nutzen menschliche Schwachstellen aus. Schulungen können dazu beitragen, das Bewusstsein für solche Angriffe zu schärfen und das Verhalten von Mitarbeitern zu verbessern. KI kann hierbei unterstützend wirken, indem sie simulierte Angriffe erstellt, um Mitarbeiter in einem sicheren Umfeld auf potenzielle Bedrohungen vorzubereiten.

Nicht zuletzt müssen rechtliche und ethische Rahmenbedingungen geschaffen werden, um die Entwicklung und den Einsatz von KI in der Cybersecurity zu regulieren. Dies betrifft sowohl die Nutzung von KI zur Verteidigung als auch den Umgang mit KI-basierten Angriffen. Klare gesetzliche Vorgaben können dazu beitragen, Verantwortlichkeiten zu definieren und den Missbrauch von KI einzudämmen.

Die Sicherheitsstrategien gegen KI-basierte Bedrohungen erfordern eine ganzheitliche Herangehensweise, die Technologie, Organisation und Mensch miteinander verbindet.

KI ist dabei nicht nur Teil des Problems, sondern auch Teil der Lösung. Durch die intelligente Nutzung von KI, die Förderung internationaler Zusammenarbeit und die Einhaltung ethischer Standards kann es gelingen, die Sicherheit in der digitalen Welt zu gewährleisten und den Herausforderungen einer zunehmend von KI geprägten Cyberlandschaft zu begegnen.

Folgend noch einmal übersichtlich die wichtigsten Sicherheitsstrategien zusammengefasst:

- **Integration von KI in Verteidigungssysteme:** Nutzung von KI zur Echtzeitanalyse von Daten, um Anomalien und potenzielle Bedrohungen frühzeitig zu erkennen.
- **Automatisierte Gegenmaßnahmen:** Einsatz von KI zur selbstständigen Reaktion auf Angriffe, etwa durch Blockieren verdächtiger Verbindungen oder Isolieren infizierter Geräte.
- **Verbesserung der Resilienz:** Regelmäßige Updates, Schließen bekannter Schwachstellen und Implementierung von Verschlüsselungstechnologien, um Systeme robuster zu machen.
- **Zusammenarbeit und Informationsaustausch:** Förderung der Kooperation zwischen Unternehmen, Regierungen und internationalen Organisationen zur Entwicklung gemeinsamer Standards und zum Teilen von Bedrohungsinformationen.
- **Schulung von Mitarbeitern:** Bewusstseinsbildung und Training, um menschliche Schwachstellen wie bei Phishing-Angriffen zu reduzieren, unterstützt durch KI-basierte Simulationen.
- **Rechtliche und ethische Rahmenbedingungen:** Etablierung von Gesetzen und Standards, um den Einsatz von KI in der Cybersecurity zu regulieren und Missbrauch zu verhindern.
- **Analyse und Lernen aus Angriffen:** Einsatz von

KI zur Untersuchung von Angriffsmustern und zur Entwicklung präventiver Maßnahmen, die zukünftige Bedrohungen minimieren.

3.2 Validierung von KI-Systemen

3.2.1 Die Verantwortung von Softwareherstellern:

In einer zunehmend digitalisierten Welt tragen Softwarehersteller eine immense Verantwortung, insbesondere im Kontext von KI-Systemen, die Entscheidungen treffen, Prozesse automatisieren und direkten Einfluss auf das Leben von Menschen haben. Die Verantwortung geht weit über die reine Funktionalität der Produkte

hinaus. Es geht darum, Systeme zu entwickeln, die nicht nur effizient und leistungsfähig sind, sondern auch sicher, ethisch und vertrauenswürdig. Softwarehersteller stehen somit an der vordersten Front, wenn es darum geht, die Basis für eine verantwortungsvolle Nutzung von Technologie zu schaffen.

Die Verantwortung beginnt bereits bei der Konzeption und Entwicklung der Software. Hier müssen Hersteller sicherstellen, dass ihre Systeme auf klaren, nachvollziehbaren Prinzipien basieren und sorgfältig getestet werden. Dies gilt besonders für KI-Systeme, deren Entscheidungen oft komplex und nicht ohne weiteres erklärbar sind. Ein zentraler Aspekt ist dabei die Nachvollziehbarkeit: Hersteller müssen dokumentieren, wie ihre Systeme funktionieren, welche Daten sie verwenden und welche Algorithmen ihre Entscheidungen beeinflussen. Diese Transparenz ist nicht nur für Entwickler und Nutzer entscheidend, sondern auch für Regulierungsbehörden, die sicherstellen wollen, dass die Technologie verantwortungsvoll eingesetzt wird.

Ein weiteres wesentliches Element ist die Sicherheit der Systeme. Softwarehersteller sind dafür verantwortlich, ihre Produkte gegen potenzielle Angriffe zu schützen und Schwachstellen frühzeitig zu identifizieren und zu beheben. Dies umfasst nicht nur die Entwicklung sicherer Codes, sondern auch die regelmäßige Überprüfung und Aktualisierung der Systeme, um neuen Bedrohungen entgegenzuwirken. Gerade im Bereich der KI, wo Angreifer versuchen könnten, Algorithmen zu manipulieren oder Daten zu kompromittieren, ist diese Verantwortung von größter Bedeutung.

Darüber hinaus müssen Hersteller Maßnahmen ergreifen, um sicherzustellen, dass ihre Software frei von Vorurteilen und Diskriminierung ist. Da KI-Systeme auf Daten trainiert werden, besteht immer die Gefahr, dass diese Daten gesellschaftliche Verzerrungen oder Vorurteile widerspiegeln. Hersteller haben die Aufgabe, solche Verzerrungen zu erkennen und zu minimieren, um faire und gerechte Ergebnisse zu gewährleisten. Dies erfordert eine bewusste Auswahl der Trainingsdaten sowie die Integration von Mechanismen, die mögliche Verzerrungen in den Algorithmen überwachen und korrigieren.

Auch die Unterstützung der Nutzer spielt eine zentrale Rolle. Hersteller dürfen nicht davon ausgehen, dass alle Nutzer über die technischen Fähigkeiten verfügen, komplexe Systeme vollständig zu verstehen oder korrekt anzuwenden. Deshalb müssen sie umfassende Dokumentationen, Schulungen und Supportdienste bereitstellen, die es Nutzern ermöglichen, die Software sicher und effektiv zu nutzen. Im Fall von KI-Systemen ist es besonders wichtig, Werkzeuge zur Verfügung zu stellen, die Nutzern helfen, die Entscheidungen der KI nachzuvollziehen und zu überprüfen.

Ein weiterer Aspekt der Verantwortung von Softwareherstellern ist die Berücksichtigung ethischer Grundsätze. Die Entwicklung von Software, insbesondere von KI, darf nicht allein von ökonomischen oder technischen Zielen geleitet werden. Hersteller müssen sich aktiv mit den ethischen Implikationen ihrer Produkte auseinandersetzen und sicherstellen, dass diese im Einklang mit den gesellschaftlichen Werten stehen. Dies betrifft etwa den Datenschutz, die Privatsphäre der Nutzer und die Vermeidung von Anwendungen, die Menschen schaden könnten, sei es direkt oder indirekt.

Die Verantwortung der Hersteller endet nicht mit der Auslieferung der Software. Systeme müssen kontinuierlich überwacht und verbessert werden, um sicherzustellen, dass sie auch langfristig sicher und zuverlässig bleiben. Die Bereitstellung regelmäßiger Updates, die Behebung von Fehlern und die Anpassung an neue regulatorische Anforderungen sind entscheidend, um das Vertrauen der Nutzer zu erhalten und den ethischen Anforderungen gerecht zu werden.

Zusammengefasst tragen Softwarehersteller eine umfassende Verantwortung, die sich auf alle Phasen der Softwareentwicklung erstreckt – von der Konzeption bis zur langfristigen Wartung. Diese Verantwortung ist nicht nur technischer Natur, sondern erfordert auch ethisches Bewusstsein, rechtliche Compliance und einen klaren Fokus auf die Sicherheit und das Wohl der Nutzer. In einer Welt, in der Software einen immer größeren Einfluss auf unser Leben hat, liegt es an den Herstellern, dafür zu sorgen, dass diese Technologie im Einklang mit den höchsten Standards von Sicherheit, Gerechtigkeit und Verantwortung entwickelt und eingesetzt wird.

3.2.1.1 Nachvollziehbare Anforderungsdefinitionen

Die Grundlage jeder erfolgreichen Softwareentwicklung liegt in klaren und nachvollziehbaren Anforderungsdefinitionen. Dies gilt besonders für die Entwicklung komplexer Systeme wie KI-Anwendungen, die oft weitreichende Auswirkungen auf unterschiedliche Nutzergruppen und Prozesse haben.

Anforderungsdefinitionen sind nicht nur ein technisches Dokument, sondern eine Brücke zwischen den Bedürfnissen der Nutzer, den ethischen und regulatorischen Vorgaben und den technologischen Möglichkeiten. Sie legen fest, was ein System leisten soll, wie es sich verhalten muss und welche Standards es erfüllen muss. Dabei spielen Präzision und Nachvollziehbarkeit eine entscheidende Rolle.

Eine nachvollziehbare Anforderungsdefinition beginnt mit einer sorgfältigen Analyse der Bedürfnisse und Erwartungen aller Stakeholder. Das können Endnutzer sein, die sich eine intuitive Bedienung wünschen, ebenso wie Unternehmen, die Effizienzsteigerungen anstreben, oder Regulierungsbehörden, die auf die Einhaltung gesetzlicher Vorgaben achten. Alle diese Perspektiven müssen berücksichtigt und in klare, messbare Anforderungen übersetzt werden. Für KI-Systeme bedeutet dies zum Beispiel, dass definiert wird, welche Daten verarbeitet werden dürfen, welche Entscheidungen das System treffen soll und wie es dabei Transparenz gewährleisten muss.

Ein wesentlicher Aspekt der Nachvollziehbarkeit ist die Dokumentation. Jede Anforderung sollte nicht nur beschrieben, sondern auch begründet werden. Warum wird eine bestimmte Funktion benötigt? Welche Ziele sollen mit ihr erreicht werden? Welche Alternativen wurden geprüft? Eine solche Transparenz schafft nicht nur Klarheit im Entwicklungsprozess, sondern ist auch entscheidend, um spätere Überprüfungen und Audits zu erleichtern. Für KI-Systeme, deren Entscheidungsprozesse oft schwer nachvollziehbar sind, ist eine umfassende Dokumentation besonders wichtig. Sie bietet die Grundlage, um sicherzustellen, dass das System den ursprünglichen Anforderungen entspricht und keine unbeabsichtigten Risiken birgt.

Nachvollziehbare Anforderungsdefinitionen erfordern zudem eine klare Struktur und Sprache. Anforderungen müssen eindeutig und unmissverständlich formuliert sein, um Missverständnisse und Interpretationsspielräume zu vermeiden. Dies gilt insbesondere in interdisziplinären Teams, in denen Entwickler, Ethiker, Juristen und andere Fachleute zusammenarbeiten. Ein KI-System könnte beispielsweise die Anforderung haben, „faire Entscheidungen zu treffen". Doch was bedeutet „fair" in diesem Kontext? Solche Begriffe müssen präzisiert und operationalisiert werden, um sicherzustellen, dass alle Beteiligten dasselbe Verständnis haben.

Ein weiterer wichtiger Punkt ist die Überprüfbarkeit von Anforderungen. Jede Anforderung sollte so definiert sein, dass ihre Erfüllung im Laufe des Entwicklungsprozesses und im fertigen System überprüft werden kann. Für KI-Anwendungen bedeutet dies etwa, dass Testprotokolle und Metriken entwickelt werden müssen, um sicherzustellen, dass das System wie vorgesehen funktioniert. Nachvollziehbarkeit bedeutet hier auch, dass die Verbindung zwischen den ursprünglichen Anforderungen und den umgesetzten Funktionen klar erkennbar bleibt.

Nicht zuletzt tragen nachvollziehbare Anforderungsdefinitionen dazu bei, dass Änderungen und Anpassungen effizient umgesetzt werden können. Softwareprojekte, insbesondere im Bereich der KI, sind oft dynamisch und müssen auf neue Erkenntnisse oder regulatorische Anforderungen reagieren. Eine gut dokumentierte und strukturierte Anforderungsdefinition ermöglicht es, Änderungen gezielt vorzunehmen, ohne die Integrität des gesamten Systems zu gefährden. Sie bietet eine klare Orientierung, welche Aspekte betroffen sind und wie diese angepasst werden können.

In der Entwicklung von KI-Systemen, die oft sensiblen und komplexen Anwendungsfeldern dienen, sind nachvollziehbare Anforderungsdefinitionen ein unverzichtbares Werkzeug. Sie schaffen die Basis für Vertrauen, Transparenz und Qualität, indem sie sicherstellen, dass alle Beteiligten ein gemeinsames Verständnis der Ziele und Vorgaben haben. Darüber hinaus ermöglichen sie es, ethische und regulatorische Standards einzuhalten und das System kontinuierlich zu überprüfen und zu verbessern. In einer Welt, in der Software zunehmend zentrale Entscheidungen beeinflusst, sind klare und nachvollziehbare Anforderungen ein Fundament, auf dem verantwortungsvolle Technologie aufgebaut wird.

3.2.1.2 Testprotokolle, Änderungsmanagement und Dokumentation

In der Entwicklung moderner Software, insbesondere von KI-Systemen, sind Testprotokolle, Änderungsmanagement und eine umfassende Dokumentation nicht nur technischer Standard, sondern entscheidende Bausteine für Qualität, Transparenz und Vertrauen. Diese Elemente sorgen dafür, dass Software stabil, sicher und nachvollziehbar bleibt – von der ersten Entwicklungsphase bis hin zu späteren Anpassungen oder Audits. Besonders bei komplexen Anwendungen wie KI, die in kritischen Bereichen eingesetzt werden, haben diese Prozesse eine noch größere Bedeutung.

Testprotokolle sind essenziell, um sicherzustellen, dass ein System so funktioniert, wie es beabsichtigt ist. Sie dokumentieren systematisch, welche Tests durchgeführt wurden, welche Szenarien abgedeckt sind und ob die Ergebnisse den definierten Anforderungen entsprechen. Ein gut strukturiertes Testprotokoll erfasst dabei nicht nur die positiven Ergebnisse, sondern auch die Fälle, in denen das System nicht wie erwartet reagiert hat. Solche Protokolle sind nicht nur technische Nachweise für die Qualität eines Systems, sondern auch Werkzeuge, um Fehlerquellen zu identifizieren und zu beheben.

Ein Beispiel aus der KI-Entwicklung zeigt, wie wichtig umfassende Tests sind. Ein KI-System, das zur Kreditvergabe verwendet wird, könnte darauf geprüft werden, ob es alle Antragsteller fair und gleich behandelt. Hier würden die Testprotokolle festhalten, wie verschiedene Datenkonstellationen behandelt wurden und ob es Anzeichen von Diskriminierung oder Verzerrungen gibt. Die Testprotokolle dokumentieren, wie oft bestimmte Ergebnisse auftraten, und ermöglichen so eine genaue Analyse der Funktionsweise des Systems.

Neben der Qualitätssicherung während der Entwicklung spielt das Änderungsmanagement eine zentrale Rolle im Lebenszyklus einer Software. Änderungsmanagement bedeutet, dass alle Anpassungen an einem System klar dokumentiert, geplant und überwacht werden. In der Praxis kann dies bedeuten, dass ein Entwickler eine neue Funktion einführt, um den Anforderungen eines Kunden gerecht zu werden, oder eine Sicherheitslücke geschlossen wird. Ohne ein strukturiertes Änderungsmanagement besteht die Gefahr, dass Änderungen unkontrolliert vorgenommen werden und das System in seiner Gesamtheit destabilisiert wird.

Ein geordnetes Änderungsmanagement folgt klar definierten Prozessen. Jede Änderung beginnt mit einer Analyse: Warum ist die Änderung notwendig? Welche Auswirkungen wird sie haben? Diese Überlegungen werden dokumentiert und bewertet, bevor die Änderung umgesetzt wird. Nach der Implementierung folgen Tests, um sicherzustellen, dass die Änderung die gewünschten Effekte erzielt, ohne andere Funktionen zu beeinträchtigen. Ein abschließender Bericht hält fest, was geändert wurde, und aktualisiert die bestehende Dokumentation. Dieser Prozess ist nicht nur ein technisches Hilfsmittel, sondern auch ein wichtiger Bestandteil der Rechenschaftspflicht, insbesondere in regulierten Branchen wie der Medizin, dem Finanzwesen oder der Luftfahrt.

Die Dokumentation schließlich bildet das Rückgrat eines jeden Softwareprojekts. Sie sorgt dafür, dass alle relevanten Informationen über ein System gesammelt, strukturiert und verfügbar gemacht werden. Dies umfasst technische Spezifikationen, Benutzerhandbücher, Testberichte und Änderungsprotokolle. Eine gute Dokumentation dient mehreren Zwecken: Sie ermöglicht es Entwicklern, sich schnell in ein bestehendes System einzuarbeiten, erleichtert die Fehlersuche und ist eine zentrale Grundlage für Audits oder Zertifizierungen.

In der KI-Entwicklung nimmt die Dokumentation eine besondere Rolle ein, da diese Systeme oft als „Black Box" wahrgenommen werden. Um Transparenz zu schaffen, müssen Entwickler nicht nur die Funktionsweise der Algorithmen dokumentieren, sondern auch die Trainingsdaten, die verwendet wurden, sowie die Entscheidungskriterien der KI. Wenn beispielsweise ein medizinisches KI-System eine Diagnose stellt, sollte nachvollziehbar sein, welche Daten und Faktoren zu dieser Entscheidung geführt haben. Eine solche Dokumentation ist nicht nur ein technischer Standard, sondern ein ethisches Gebot, um das Vertrauen der Nutzer zu gewinnen und die Nachvollziehbarkeit zu gewährleisten.

Testprotokolle, Änderungsmanagement und Dokumentation sind keine isolierten Aufgaben, sondern eng miteinander verknüpft. Eine präzise Dokumentation erleichtert das Änderungsmanagement, während Testprotokolle wiederum Teil der Dokumentation sind. Gemeinsam bilden sie ein System, das sicherstellt, dass Software nicht nur technisch funktioniert, sondern auch den höchsten Ansprüchen an Qualität, Sicherheit und Transparenz gerecht wird. In einer Welt, in der Software zunehmend in sensiblen und kritischen Bereichen eingesetzt wird, sind diese Prozesse nicht nur ein technisches Muss, sondern auch eine Grundvoraussetzung für verantwortungsvolles Handeln

3.2.1.3 Bereitstellung von Benutzerhandbüchern, Testergebnissen und Spezifikationen

Die Bereitstellung von Benutzerhandbüchern, Testergebnissen und Spezifikationen ist ein zentraler Bestandteil der Softwareentwicklung. Sie bildet die Grundlage dafür, dass Nutzer, Entwickler und Auditoren gleichermaßen die Funktionalität, Sicherheit und Qualität eines Systems verstehen und überprüfen können. Insbesondere in sensiblen Anwendungsbereichen wie der Medizin, der Luftfahrt oder der Finanzwelt ist diese Bereitstellung nicht nur ein Zeichen guter Entwicklungsstandards, sondern eine unverzichtbare Voraussetzung für den sicheren und effektiven Einsatz der Technologie.

Benutzerhandbücher sind oft der erste Berührungspunkt zwischen einem Nutzer und einer Software. Sie dienen dazu, die Funktionalitäten des Systems verständlich zu erklären und sicherzustellen, dass Anwender das System korrekt und effizient nutzen können. Ein gutes Benutzerhandbuch zeichnet sich durch klare Sprache, eine intuitive Struktur und praktische Beispiele aus. Es ist mehr als nur eine Bedienungsanleitung – es bietet auch Einblicke in mögliche Fehlerquellen und deren Behebung. Insbesondere bei komplexen Systemen wie KI-Anwendungen ist es wichtig, dass Benutzerhandbücher auch die Grenzen und Möglichkeiten des Systems transparent machen. Ein medizinisches Diagnosetool könnte etwa darauf hinweisen, dass die KI lediglich eine unterstützende Rolle spielt und die endgültige Entscheidung immer beim Arzt liegen muss.

Neben Benutzerhandbüchern spielen Testergebnisse eine zentrale Rolle in der Bereitstellung von Informationen. Sie sind der Nachweis dafür, dass das System gründlich geprüft wurde und den definierten Anforderungen entspricht. Testergebnisse umfassen Berichte über funktionale Tests, Belastungstests und Sicherheitsprüfungen. Sie dokumentieren, wie sich das System unter normalen und außergewöhnlichen Bedingungen verhält und ob es potenzielle Schwachstellen gibt. Für KI-Systeme, die oft in kritischen Bereichen eingesetzt werden, sind solche Testergebnisse entscheidend, um Vertrauen aufzubauen. Beispielsweise könnte ein autonomes Fahrzeug Testergebnisse vorlegen, die belegen, wie das System in verschiedenen Verkehrsszenarien reagiert hat und wie es potenzielle Unfälle vermieden hat.

Spezifikationen wiederum sind der technische Kern

der Bereitstellung. Sie beschreiben die Architektur, die Schnittstellen, die Funktionen und die technischen Anforderungen des Systems. Spezifikationen ermöglichen es Entwicklern, das System weiterzuentwickeln, Anpassungen vorzunehmen oder es in bestehende Infrastrukturen zu integrieren. Für Auditoren und Regulierungsbehörden sind Spezifikationen ein wichtiges Werkzeug, um sicherzustellen, dass die Software die notwendigen Standards und Vorschriften einhält. Besonders bei KI-Systemen, die oft als „Black Box" wahrgenommen werden, tragen detaillierte Spezifikationen dazu bei, die Transparenz zu erhöhen und die Funktionsweise des Systems nachvollziehbar zu machen.

Die Bereitstellung von Benutzerhandbüchern, Testergebnissen und Spezifikationen ist nicht nur ein technischer Standard, sondern ein integraler Bestandteil der Verantwortung von Softwareherstellern. Sie stellt sicher, dass Nutzer die Software sicher und effektiv einsetzen können, und bietet gleichzeitig die Grundlage für kontinuierliche Verbesserungen und Audits. In einer Welt, in der Software immer tiefere Eingriffe in unser Leben ermöglicht, ist die Bereitstellung solcher Informationen unverzichtbar, um Transparenz, Vertrauen und Sicherheit zu gewährleisten.

3.2.2 Validierungsunterstützung für Kunden: Vorlagen, Best Practices, Compliance-Zertifikate

In der Entwicklung und Bereitstellung moderner Softwarelösungen, insbesondere im Bereich der Künstlichen Intelligenz (KI), endet die Verantwortung der Hersteller nicht mit der Fertigstellung des Produkts. Eine entscheidende Phase ist die Validierung durch die Kunden – der Prozess, bei dem überprüft wird, ob die Software in der spezifischen Umgebung des Kunden die gewünschten Anforderungen erfüllt und regulatorische sowie ethische Standards einhält. Um diesen Prozess zu erleichtern und abzusichern, bieten Hersteller Validierungsunterstützung in Form von Vorlagen, Best Practices und Compliance-Zertifikaten an.

Die Validierung ist besonders in hochregulierten Branchen wie der Medizin, der Pharmazie oder der Luftfahrt von zentraler Bedeutung. Hier müssen Kunden sicherstellen, dass die eingesetzte Software nicht nur funktional ist, sondern auch alle gesetzlichen Vorgaben einhält. Für Hersteller bedeutet dies, die Kunden bei diesem Prozess aktiv zu unterstützen, indem sie ihnen Werkzeuge und Ressourcen an die Hand geben, die den Validierungsprozess strukturieren und beschleunigen.

Ein zentraler Bestandteil der Validierungsunterstützung sind Vorlagen, die als Ausgangspunkt für die Dokumentation und Überprüfung der Software dienen. Diese Vorlagen können Checklisten, Testprotokolle oder Risikoanalysen umfassen, die speziell auf die Anforderungen der jeweiligen Branche zugeschnitten sind. Beispielsweise könnte ein Hersteller einer medizinischen Software eine Vorlage für die Überprüfung von Datenintegrität und Benutzerberechtigungen bereitstellen, die den Kunden hilft, regulatorische Anforderungen wie die der FDA oder der EMA zu erfüllen. Durch die Bereitstellung solcher Vorlagen wird der Validierungsprozess nicht nur standardisiert, sondern auch effizienter gestaltet, da Kunden auf bereits erprobte und bewährte Strukturen zurückgreifen können.

Neben Vorlagen spielen Best Practices eine entscheidende Rolle. Hierbei handelt es sich um Leitlinien und Empfehlungen, die auf den Erfahrungen und Erkenntnissen des Herstellers basieren. Best Practices bieten Kunden Orientierung, wie sie die Software optimal einsetzen, typische Fehler vermeiden und den Validierungsprozess erfolgreich durchführen können. Zum Beispiel könnten Best Practices für KI-Systeme im Finanzsektor Hinweise darauf geben, wie Algorithmen auf Bias überprüft oder wie Transparenzanforderungen in der Dokumentation umgesetzt werden. Diese Empfehlungen sind oft das Ergebnis langjähriger Entwicklungsarbeit und praxisnaher Anwendungen, was sie zu einer wertvollen Ressource für Kunden macht.

Ein weiterer wichtiger Baustein der Validierungsunterstützung sind Compliance-Zertifikate. Diese Bescheinigungen dokumentieren, dass die Software bestimmte Standards und Vorgaben erfüllt, die von unabhängigen Organisationen oder Regulierungsbehörden festgelegt wurden. Beispiele hierfür sind Zertifikate zur Einhaltung der DSGVO (Datenschutz-Grundverordnung), ISO-Standards oder branchenspezifische Vorschriften wie GxP-Richtlinien in der Pharmabranche. Solche Zertifikate bieten Kunden nicht nur Sicherheit, sondern erleichtern auch den Validierungsprozess erheblich, da sie als Nachweis für die Einhaltung grundlegender Anforderungen dienen.

Die Bereitstellung von Vorlagen, Best Practices und Compliance-Zertifikaten ist nicht nur ein Service für Kunden, sondern auch ein Ausdruck der Verantwortung der Hersteller. Sie zeigt, dass der Hersteller nicht nur daran interessiert ist, funktionierende Software bereitzustellen, sondern auch daran, dass diese Software sicher, regelkonform und verantwortungsvoll eingesetzt wird. In einer Welt, in der regulatorische Anforderungen und technologische Komplexität stetig zunehmen, ist diese Unterstützung ein entscheidender Faktor, um Vertrauen zu schaffen und den langfristigen Erfolg von Softwareprojekten zu sichern.

Durch diese Maßnahmen wird die Validierung für Kunden nicht nur transparenter und einfacher, sondern auch effizienter und zuverlässiger. Gleichzeitig wird sichergestellt, dass Software nicht nur ein technisches Produkt bleibt, sondern ein Werkzeug, das sicher, ethisch und im Einklang mit den gesetzlichen Vorgaben eingesetzt werden kann. In diesem Sinne sind Vorlagen, Best Practices und Compliance-Zertifikate mehr als nur Hilfsmittel – sie sind ein unverzichtbarer Bestandteil moderner Softwareentwicklung und eines verantwortungsvollen Umgangs mit Technologie.

3.2.3 Risikobasierte Ansätze zur

Kritikalitätsbewertung und Validierung

3.2.3.1 Risikoanalyse und Maßnahmenplanung

Eine der zentralen Säulen der Validierung von KI-Systemen ist die Risikoanalyse. Sie dient dazu, potenzielle Gefahren und Schwachstellen eines Systems frühzeitig zu identifizieren und geeignete Maßnahmen zur Minimierung dieser Risiken zu planen. Gerade bei KI-Systemen, die in kritischen Anwendungen wie der Medizin, der Finanzwelt oder im öffentlichen Sektor eingesetzt werden, ist die sorgfältige Risikoanalyse ein unverzichtbarer Schritt, um die Sicherheit, Verlässlichkeit und ethische Korrektheit der Systeme zu gewährleisten.

3.2.3.2 Was ist eine Risikoanalyse bei KI-Systemen?

Die Risikoanalyse ist ein strukturierter Prozess, bei dem mögliche Fehlerquellen, Schwachstellen oder unerwünschte Ergebnisse eines Systems systematisch identifiziert und bewertet werden. Ziel ist es, die Wahrscheinlichkeit eines Risikos und die potenziellen Auswirkungen einzuschätzen. Bei KI-Systemen ist dieser Prozess besonders anspruchsvoll, da sie oft hochkomplexe Entscheidungen auf der Grundlage riesiger Datenmengen treffen und deren innerer Entscheidungsprozess – etwa bei tiefen neuronalen Netzwerken – nicht immer vollständig nachvollziehbar ist.

Ein typischer Ansatz für eine Risikoanalyse umfasst folgende Schritte:

- **Identifikation von Risiken:** Welche potenziellen Schwachstellen könnten dazu führen, dass das KI-System fehlerhafte oder schädliche Entscheidungen trifft? Beispielsweise könnte ein autonomes Fahrzeug durch unzureichend berücksichtigte Daten fehlerhafte Entscheidungen im Straßenverkehr treffen.
- **Bewertung der Risiken:** Wie wahrscheinlich ist es, dass ein identifiziertes Risiko eintritt, und wie gravierend wären die Folgen? Risiken werden nach

Wahrscheinlichkeit und Schweregrad priorisiert, um die kritischsten Punkte zuerst anzugehen.
- **Ableitung von Maßnahmen:** Für jedes identifizierte Risiko werden Gegenmaßnahmen definiert, die entweder die Wahrscheinlichkeit des Eintritts oder die Auswirkungen minimieren sollen.

3.2.3.3 Maßnahmenplanung: Von der Theorie zur Praxis

Die Maßnahmenplanung schließt nahtlos an die Risikoanalyse an und ist darauf ausgelegt, konkrete Handlungen zu definieren, mit denen die identifizierten Risiken adressiert werden. Diese Maßnahmen müssen gezielt, umsetzbar und überprüfbar sein. Bei KI-Systemen können solche Maßnahmen sowohl technischer als auch organisatorischer Natur sein.

a) **Technische Maßnahmen:**

- **Datenqualität sichern:** Viele Risiken bei KI-Systemen entstehen durch fehlerhafte oder verzerrte Trainingsdaten. Eine Maßnahme könnte daher sein, die Datenquellen gründlich zu prüfen, Bias zu minimieren und regelmäßig Audits der Datengrundlage durchzuführen.
- **Testprotokolle entwickeln:** Simulations- und Stresstests können dazu beitragen, das Verhalten des Systems in realistischen und extremen Szenarien zu analysieren und potenzielle Fehlerquellen zu identifizieren.
- **Fehlertoleranz einbauen:** KI-Systeme können so gestaltet werden, dass sie bei Unsicherheiten oder widersprüchlichen Daten in den sicheren Modus wechseln oder menschliches Eingreifen anfordern.

b) **Organisatorische Maßnahmen:**

- **Transparenz schaffen:** Die Dokumentation

der Risikoanalyse und der getroffenen Maßnahmen ist essenziell, um den Validierungsprozess nachvollziehbar zu machen und Regulierungsanforderungen zu erfüllen.
- **Schulungen für Nutzer:** Die Maßnahmenplanung sollte auch die Qualifikation der Endnutzer berücksichtigen. Beispielsweise können Trainingsprogramme entwickelt werden, um den korrekten Einsatz und die Interpretation von KI-Ergebnissen sicherzustellen.
- **Kontinuierliche Überwachung:** KI-Systeme entwickeln sich oft dynamisch weiter, etwa durch neue Daten. Maßnahmen wie regelmäßige Audits oder Monitoring-Systeme sind notwendig, um Risiken im laufenden Betrieb zu erkennen und zu adressieren.

3.2.3.4 Ein Praxisbeispiel: KI in der medizinischen Diagnose

Angenommen, ein KI-System soll bei der Diagnose von Krebs helfen. Die Risikoanalyse könnte ergeben, dass fehlerhafte Diagnosen durch unzureichend repräsentative Trainingsdaten ein hohes Risiko darstellen. Eine konkrete Maßnahme wäre hier, die Trainingsdaten regelmäßig zu erweitern und sicherzustellen, dass sie unterschiedliche Patientengruppen – etwa nach Alter, Geschlecht oder ethnischer Herkunft – gleichmäßig repräsentieren. Ein weiteres Risiko könnte die mangelnde Nachvollziehbarkeit der Diagnoseentscheidung sein. Als Maßnahme könnte ein Explainable-AI-Ansatz integriert werden, der es Ärzten ermöglicht, die Entscheidungsgrundlage der KI zu verstehen und zu bewerten.

3.2.3.5 Warum Risikoanalyse und Maßnahmenplanung entscheidend sind

Die Kombination aus einer fundierten Risikoanalyse und einer durchdachten Maßnahmenplanung schafft nicht nur Sicherheit, sondern auch Vertrauen in KI-Systeme. Sie ermöglicht es, Fehlerquellen frühzeitig zu erkennen und zu beheben, bevor sie sich auf reale Anwendungen auswirken. Gleichzeitig wird durch diesen Ansatz sichergestellt, dass die Validierung ressourceneffizient bleibt, da Maßnahmen gezielt auf die kritischsten Risiken ausgerichtet werden. In einer Zeit, in der KI immer mehr Verantwortung in sensiblen Bereichen übernimmt, ist eine sorgfältige Risikoanalyse nicht nur ein technischer, sondern auch ein ethischer Imperativ.

3.2.4 Menschliche Kontrolle (Human-in-the-Loop) für kritische Prozesse

Die menschliche Kontrolle – oft als „Human-in-the-Loop" (HITL) bezeichnet – ist ein essenzieller Ansatz in der Entwicklung und Anwendung von Künstlicher Intelligenz (KI), um Sicherheit, Verlässlichkeit und ethische Standards in kritischen Prozessen zu gewährleisten. Mit der zunehmenden Verbreitung von KI-Systemen, die autonome Entscheidungen treffen, steigt die Verantwortung, diese Systeme so zu gestalten, dass menschliche Werte und Überlegungen in entscheidenden Momenten berücksichtigt werden. HITL stellt sicher, dass der Mensch als integraler Bestandteil des Entscheidungsprozesses agiert, um die Technologie nicht nur zu überwachen, sondern aktiv zu steuern, zu korrigieren und im Zweifel einzugreifen.

In Bereichen, in denen Fehler schwerwiegende oder sogar lebensbedrohliche Konsequenzen haben können – etwa in der Medizin, der Luftfahrt oder bei autonomen Fahrzeugen – ist diese menschliche Kontrolle unverzichtbar. KI-Systeme, so leistungsfähig sie auch sein mögen, sind letztlich auf Daten und Algorithmen angewiesen, die nicht immer die gesamte Komplexität einer realen Situation abbilden können. Hier kommt der Mensch ins Spiel: Mit seiner Fähigkeit, Kontext zu erfassen, ethische Abwägungen zu treffen und emotionale sowie intuitive Urteile zu fällen, ergänzt er die technologische Präzision der KI.

Der HITL-Ansatz geht jedoch über bloße Überwachung hinaus. Er verbindet die Geschwindigkeit und Datenverarbeitungskapazität von KI mit der einzigartigen Fähigkeit des Menschen, moralische Dilemmata zu lösen und Verantwortung zu übernehmen. Während die KI riesige Datenmengen analysiert und in Sekundenbruchteilen Empfehlungen gibt, hat der Mensch die Möglichkeit, diese Vorschläge zu prüfen und abzuwägen, bevor sie umgesetzt werden. Dadurch werden Risiken nicht nur minimiert, sondern es entsteht auch ein erhöhtes Vertrauen in die Technologie – sowohl bei den Nutzern als auch bei den Betroffenen.

HITL ist jedoch nicht nur eine technische Notwendigkeit, sondern auch ein ethisches Prinzip. In einer Welt, in der KI-Systeme immer autonomer agieren, bleibt die Frage, wer letztlich für ihre Entscheidungen verantwortlich ist. Der Ansatz der menschlichen Kontrolle betont, dass diese Verantwortung niemals vollständig auf Maschinen übertragen werden kann. Vielmehr bleibt der Mensch die letzte Instanz, die sicherstellt, dass Entscheidungen im Einklang mit gesellschaftlichen Normen und Werten stehen.

Die Anwendung von HITL in kritischen Prozessen bedeutet, dass KI-Systeme so gestaltet werden, dass der Mensch jederzeit eingreifen oder Entscheidungen überprüfen kann. Dabei variiert der Grad der menschlichen Kontrolle je nach Anwendung und Risikopotenzial. In hochsensiblen Bereichen wie der Gesundheitsversorgung oder der nationalen Sicherheit ist eine enge Integration des Menschen in die Entscheidungsprozesse unerlässlich. In anderen Szenarien, etwa bei Empfehlungen in Streaming-Diensten, kann die Rolle des Menschen auf ein Minimum reduziert sein.

Dieser Ansatz ist nicht nur eine technische Herausforderung, sondern erfordert auch eine sorgfältige Gestaltung der Interaktion zwischen Mensch und Maschine. HITL muss so implementiert werden, dass der Mensch in der Lage ist, fundierte Entscheidungen zu treffen, ohne von der Komplexität der KI überwältigt zu werden. Gleichzeitig müssen die Systeme transparent genug sein, damit der Mensch ihre Funktionsweise versteht und ihre Ergebnisse nachvollziehen kann.

Insgesamt bietet HITL eine ausgewogene Lösung, um die Stärken von KI und menschlicher Entscheidungsfindung zu kombinieren. Es ist ein Ansatz, der nicht nur technologische Effizienz ermöglicht, sondern auch sicherstellt, dass ethische und gesellschaftliche Werte gewahrt bleiben. In einer Zeit, in der KI-Systeme immer stärker in unser Leben integriert werden, ist der Ansatz der menschlichen Kontrolle ein unverzichtbarer Bestandteil für eine verantwortungsvolle und vertrauenswürdige Nutzung dieser Technologie.

Kritische Prozesse sind gekennzeichnet durch Entscheidungen, die weitreichende Auswirkungen auf das Leben von Menschen, die Umwelt oder die Sicherheit von Infrastrukturen haben können. Beispiele sind medizinische Diagnosen, die Steuerung autonomer Fahrzeuge oder die Zuweisung knapper Ressourcen. In solchen Szenarien kann die alleinige Abhängigkeit von einer KI riskant sein, da selbst modernste Systeme Fehler machen oder in unvorhergesehenen Situationen versagen können. HITL sorgt dafür, dass der Mensch in diesen Prozessen aktiv bleibt, um die Ergebnisse der KI zu überprüfen, zu interpretieren oder zu korrigieren.

3.2.4.1 Wie funktioniert Human-in-the-Loop in der Praxis?

Der HITL-Ansatz integriert den Menschen in verschiedene Phasen des Entscheidungsprozesses:

- **Überwachung:** Der Mensch überwacht die Entscheidungen der KI, insbesondere in Echtzeitszenarien. Wenn die KI-Anomalien oder Unsicherheiten erkennt, wird der Mensch benachrichtigt und kann eingreifen.

  Beispiel: In der Luftfahrt können autonome Systeme die Steuerung eines Flugzeugs übernehmen, doch der Pilot bleibt in der Lage, manuell einzugreifen, wenn kritische Situationen auftreten.

- **Bestätigung:** Entscheidungen der KI werden durch den Menschen validiert, bevor sie umgesetzt werden. Dies ist besonders wichtig in Bereichen wie der Medizin, wo ein Arzt die Ergebnisse einer KI-basierten Diagnose überprüft und die finale Entscheidung trifft.

Beispiel: Ein KI-System schlägt vor, eine bestimmte Behandlung bei einem Patienten anzuwenden, basierend auf umfangreichen Datenanalysen. Der behandelnde Arzt überprüft die Empfehlung und gibt die endgültige Zustimmung.

- **Intervention:** In Fällen, in denen die KI auf Unsicherheiten stößt oder unerwartete Ergebnisse liefert, kann der Mensch aktiv eingreifen und die Kontrolle übernehmen.

Beispiel: In autonomen Fahrzeugen kann der Fahrer bei komplexen Verkehrssituationen die Steuerung manuell übernehmen, wenn das System nicht in der Lage ist, sicher zu navigieren.

Die Integration des Menschen in KI-gestützte Prozesse ist ein wesentlicher Bestandteil eines risikobasierten Ansatzes. In besonders kritischen Anwendungen wird HITL als Sicherheitsnetz eingesetzt, um die Auswirkungen möglicher Fehler zu minimieren. Durch eine sorgfältige Bewertung der Kritikalität des Systems wird festgelegt, in welchen Prozessen der Mensch eingebunden werden muss und in welchem Umfang.

- **Grad der menschlichen Kontrolle:** In weniger kritischen Prozessen kann der Mensch als passiver Überwacher agieren, während in hochsensiblen Szenarien eine aktive Bestätigung oder Intervention erforderlich ist.

- **Trigger für menschliche Eingriffe:** Es werden klare Kriterien definiert, wann der Mensch eingreifen sollte. Dies kann bei bestimmten Unsicherheitsgraden der KI, bei potenziell unethischen Entscheidungen oder in unvorhergesehenen Szenarien der Fall sein.

3.2.4.2 Herausforderungen und Grenzen von HITL

Trotz seiner Vorteile bringt der HITL-Ansatz auch Herausforderungen mit sich. Eine davon ist die Abhängigkeit von menschlicher Aufmerksamkeit und Kompetenz. In hochautomatisierten Prozessen kann es schwierig sein, den Menschen kontinuierlich in einem Zustand der Wachsamkeit zu halten, insbesondere wenn Eingriffe nur selten erforderlich sind. Zudem kann es in zeitkritischen Situationen zu Verzögerungen kommen, wenn der Mensch eine Entscheidung erst überprüfen oder validieren muss.

Ein weiteres Problem ist die Balance zwischen Automatisierung und menschlicher Kontrolle. Ein Übermaß an HITL kann die Vorteile von KI – etwa Geschwindigkeit und Effizienz – reduzieren, während eine zu geringe menschliche Einbindung die Risiken erhöht.

3.2.4.3 Ein Beispiel: HITL in der Gesundheitsbranche

In der Gesundheitsbranche wird HITL häufig angewandt, um die Sicherheit von Patienten zu gewährleisten. Ein KI-System könnte beispielsweise Anomalien in MRT-Bildern erkennen und vorschlagen, ob eine Biopsie notwendig ist. Der Radiologe überprüft die Ergebnisse der KI und entscheidet auf Grundlage seines Fachwissens, ob er der Empfehlung folgt. Dieses Zusammenspiel von KI und menschlicher Expertise ermöglicht es, sowohl die Effizienz zu steigern als auch Fehler zu minimieren.

Human-in-the-Loop ist ein unverzichtbarer Bestandteil der Validierung kritischer KI-Systeme. Es kombiniert die Stärken von KI – wie Geschwindigkeit und Datenverarbeitung – mit der menschlichen Fähigkeit, komplexe Zusammenhänge zu verstehen und ethische Entscheidungen zu treffen. Durch die bewusste Integration des Menschen in kritische Prozesse wird nicht nur die Sicherheit erhöht, sondern auch das Vertrauen in KI-Systeme gestärkt. In einer Welt, in der KI immer häufiger Entscheidungen trifft, bleibt die menschliche Kontrolle ein entscheidender Garant für Verantwortung und Zuverlässigkeit.

3.2.5 Nutzung von KI für Regressionstests und Testautomatisierung

Die Validierung von KI-Systemen stellt Entwickler vor die Herausforderung, die Stabilität, Genauigkeit und Sicherheit von Systemen auch dann zu gewährleisten, wenn Änderungen vorgenommen werden. Gerade in komplexen Anwendungen, bei denen mehrere Module und Algorithmen miteinander interagieren, ist es unerlässlich, dass Anpassungen oder Updates keine unbeabsichtigten Nebenwirkungen haben. Hier kommt die Testautomatisierung, insbesondere durch den Einsatz von KI, ins Spiel. Sie revolutioniert die Art und Weise, wie Regressionstests – also Tests, die sicherstellen, dass bestehende Funktionen nach Änderungen weiterhin korrekt arbeiten – durchgeführt werden.

Traditionell war das Testen von Software ein mühsamer und zeitaufwändiger Prozess, bei dem Entwickler jeden Aspekt eines Systems manuell überprüfen mussten. In modernen, datenintensiven und dynamischen KI-Systemen ist dieser Ansatz jedoch kaum noch praktikabel. Die Nutzung von KI für Regressionstests und Automatisierung bietet hier eine Lösung. KI kann riesige Datenmengen analysieren, komplexe Muster erkennen und potenzielle Schwachstellen im System identifizieren – schneller und oft präziser als ein menschliches Testteam.

Ein Beispiel für den Einsatz von KI in der Testautomatisierung ist die dynamische Generierung von Testfällen. Anstatt auf statischen, vorab definierten Szenarien zu basieren, kann KI Muster in den vorhandenen Daten und bisherigen Testergebnissen erkennen und daraus neue, realistische Testfälle erstellen. Wenn ein KI-System beispielsweise für die Kreditvergabe in einer Bank eingesetzt wird, kann die Test-KI Szenarien generieren, die verschiedene Kundenprofile, wirtschaftliche Bedingungen oder rechtliche Vorgaben simulieren, um sicherzustellen, dass das System weiterhin robust und fair agiert.

Ein weiterer Vorteil von KI-gestützten Regressionstests liegt in der Fähigkeit, Prioritäten zu setzen. Nicht alle Tests sind gleich wichtig, und KI kann analysieren, welche Bereiche des Systems am anfälligsten für Fehler sind oder welche Funktionen für die Nutzer am kritischsten sind. Durch diese intelligente Priorisierung werden Ressourcen effizienter eingesetzt, und die Validierung konzentriert sich auf die sensibelsten Punkte des Systems.

Darüber hinaus ist KI besonders geeignet, Veränderungen zu überwachen und automatisch Regressionstests auszulösen, sobald ein Update oder eine Anpassung vorgenommen wird. In einem Szenario, in dem ein neuronales Netzwerk regelmäßig mit neuen Daten aktualisiert wird, könnte die Test-KI sofort prüfen, ob die Änderungen die Leistung oder die Genauigkeit des Modells beeinträchtigen. Falls unerwartete Abweichungen auftreten, können diese sofort markiert und an die Entwickler weitergeleitet werden, sodass schnelle Korrekturen möglich sind.

Der Einsatz von KI für Regressionstests geht jedoch über reine Automatisierung hinaus. KI kann auch dazu beitragen, Ergebnisse besser zu interpretieren. Anstatt nur zu melden, dass ein Test fehlgeschlagen ist, kann die Test-KI Anomalien analysieren und Hinweise darauf geben, warum ein bestimmtes Modul oder eine Funktion nicht wie erwartet funktioniert. Diese diagnostischen Fähigkeiten sparen nicht nur Zeit, sondern ermöglichen es den Entwicklern, gezielt und effizienter auf

Probleme zu reagieren.

Ein besonders faszinierender Aspekt ist die Möglichkeit, dass KI sich selbst verbessert. Durch den ständigen Lernprozess aus bisherigen Tests und Fehleranalysen wird die Test-KI im Laufe der Zeit immer präziser und effektiver. Dies bedeutet, dass die Qualitätssicherung eines Systems kontinuierlich optimiert wird, ohne dass dafür zusätzliche menschliche Eingriffe erforderlich sind.

Die Nutzung von KI für Regressionstests und Testautomatisierung ist nicht nur ein technologischer Fortschritt, sondern auch ein strategischer Schritt, um die Komplexität moderner KI-Systeme beherrschbar zu machen. Sie ermöglicht es, Risiken frühzeitig zu erkennen, die Systemstabilität zu gewährleisten und die Effizienz im Validierungsprozess erheblich zu steigern. In einer Welt, in der KI-Systeme immer schneller weiterentwickelt werden, ist dieser Ansatz unverzichtbar, um Innovation und Sicherheit miteinander zu verbinden.

3.3 Daten als Achillesferse

In der Welt der Künstlichen Intelligenz (KI) sind Daten das Fundament, auf dem alles aufbaut. Sie sind der Rohstoff, aus dem KI-Systeme lernen, Entscheidungen treffen und Vorhersagen generieren. Doch so unverzichtbar sie für den Fortschritt sind, so verwundbar machen sie die gesamte Technologie. Daten sind nicht nur der Motor der Innovation, sondern auch die Achillesferse, die Schwachstelle, an der selbst die fortschrittlichsten Systeme scheitern können. Ihre Qualität, Sicherheit und Integrität entscheiden über den Erfolg oder das Versagen von KI – und darüber, ob Vertrauen in diese Technologie bestehen bleibt oder nicht.

Die Abhängigkeit von Daten bringt enorme Herausforderungen mit sich. Wenn Daten fehlerhaft, unausgewogen oder manipulierbar sind, spiegelt sich dies direkt in den

Entscheidungen der KI wider. Ein KI-System, das auf ungenauen oder verzerrten Daten trainiert wird, kann zu diskriminierenden Ergebnissen, falschen Diagnosen oder riskanten Entscheidungen führen. Daten können bewusst oder unbewusst Vorurteile enthalten, die durch KI nicht nur übernommen, sondern verstärkt werden. Darüber hinaus sind Daten ein begehrtes Ziel für Cyberangriffe. Manipulierte oder gestohlene Daten können nicht nur zu Sicherheitsverletzungen führen, sondern auch die gesamte Grundlage eines KI-Systems zerstören.

Gleichzeitig stellt sich die Frage nach der Privatsphäre. In einer Zeit, in der persönliche Daten die treibende Kraft hinter vielen KI-Anwendungen sind, wächst die Sorge, dass diese Daten missbraucht oder ohne Zustimmung der Betroffenen verwendet werden. Die Herausforderung besteht darin, ein Gleichgewicht zu finden: Wie können wir die Potenziale der KI nutzen, ohne die Rechte und die Sicherheit der Menschen zu gefährden, deren Daten diese Systeme antreiben?

Die Betrachtung der „Daten als Achillesferse" führt unweigerlich zu einer der drängendsten Fragen unserer Zeit: Wie gehen wir in einer KI-getriebenen Welt mit Datenschutz und Privatsphäre um? Während die Technologie unaufhaltsam voranschreitet, müssen wir sicherstellen, dass der Schutz sensibler Informationen Priorität hat. Dieses Kapitel lädt dazu ein, nicht nur die Risiken und Schwächen zu analysieren, sondern auch den Übergang zu einer Welt zu gestalten, in der Fortschritt und der Schutz der Privatsphäre Hand in Hand gehen.

3.3.1 Datenschutz und Privatsphäre in einer KI-getriebenen Welt

In einer zunehmend KI-dominierten Welt, in der Daten zur wertvollsten Ressource geworden sind, rückt der Schutz der Privatsphäre in den Mittelpunkt der gesellschaftlichen und technologischen Debatte. KI-Systeme basieren auf der Analyse und Verarbeitung riesiger Datenmengen, die oft persönliche Informationen enthalten – von Vorlieben und Verhaltensmustern bis hin zu medizinischen und finanziellen Details. Während diese Daten KI ermöglichen, personalisierte und effiziente Lösungen anzubieten, stehen sie auch im Spannungsfeld zwischen technologischem Fortschritt und der Wahrung von Grundrechten.

Die Herausforderung besteht darin, dass KI-Systeme nicht nur Daten sammeln, sondern auch komplexe Verbindungen und Muster daraus ableiten können, die selbst den Betroffenen oft nicht bewusst sind. Diese tiefen Einblicke in individuelle Lebensbereiche können genutzt werden, um maßgeschneiderte Dienstleistungen anzubieten, bergen jedoch auch das Risiko, die Privatsphäre massiv zu verletzen. Ein Beispiel hierfür ist die Nutzung von KI im Gesundheitswesen, wo Algorithmen in der Lage sind, Krankheiten auf der Grundlage von anonymisierten Daten vorherzusagen. Doch was passiert, wenn diese Daten nicht ausreichend geschützt sind oder ohne Einwilligung genutzt werden? Solche Szenarien verdeutlichen, wie schmal der Grat zwischen Nutzen und Missbrauch von Daten ist.

Zudem sind KI-Systeme anfällig für Sicherheitsverletzungen. Cyberangriffe auf Datenbanken mit sensiblen Informationen können nicht nur individuelle Schäden verursachen, sondern auch das Vertrauen in KI-basierte Anwendungen insgesamt erschüttern. Ein weiterer Aspekt ist die Möglichkeit, dass Unternehmen oder Organisationen Daten aus kommerziellen oder politischen Gründen ausnutzen. Der Missbrauch personenbezogener Informationen, etwa zur gezielten Beeinflussung von Konsumverhalten oder politischen Entscheidungen, ist eine reale Gefahr, die durch die leistungsstarken Analysefähigkeiten der KI verstärkt wird.

Die Gesetzgebung hat begonnen, auf diese Herausforderungen zu reagieren. Datenschutzbestimmungen wie die Datenschutz-Grundverordnung (DSGVO) in Europa setzen strenge Vorgaben für die Erhebung, Verarbeitung und Speicherung von Daten. Doch die rasante Entwicklung der Technologie stellt diese

Regelwerke immer wieder auf die Probe. Es bleibt eine schwierige Aufgabe, Gesetze zu formulieren, die sowohl den Schutz der Privatsphäre gewährleisten als auch Innovation ermöglichen.

Ein zentraler Punkt ist die Transparenz: Nutzer müssen verstehen können, welche Daten gesammelt werden, wie sie verwendet werden und welche Rechte sie haben. KI-Entwickler und Unternehmen tragen die Verantwortung, diese Transparenz sicherzustellen und den Nutzern die Kontrolle über ihre Daten zu geben. Ansätze wie „Privacy by Design", bei denen Datenschutz von Anfang an in den Entwicklungsprozess integriert wird, sind ein Schritt in die richtige Richtung.

Gleichzeitig zeigt sich, dass technologischer Fortschritt auch Teil der Lösung sein kann. Datenschutztechnologien wie Differential Privacy, bei der individuelle Daten unkenntlich gemacht werden, während die Gesamtdaten dennoch für Analysen genutzt werden können, bieten innovative Ansätze, um Privatsphäre und Funktionalität zu vereinen. Solche Methoden ermöglichen es, KI-Systeme zu trainieren, ohne persönliche Informationen offenzulegen.

In einer KI-getriebenen Welt wird der Schutz der Privatsphäre ein zentraler Faktor für die Akzeptanz und das Vertrauen in diese Technologie sein. Es ist eine gemeinsame Aufgabe von Entwicklern, Unternehmen, Regierungen und der Gesellschaft, sicherzustellen, dass die Vorteile der KI nicht auf Kosten der Grundrechte der Menschen gehen. Der Umgang mit Datenschutz und Privatsphäre ist kein Randthema – er ist der Schlüssel, um KI verantwortungsvoll und nachhaltig zu gestalten.

3.3.2 Die Gefahr von Massenüberwachung

In einer Ära, in der Künstliche Intelligenz (KI) zunehmend in staatlichen und privaten Überwachungssystemen integriert wird, wächst die Sorge vor einer Welt, in der jede Bewegung, jede Entscheidung und jedes Gespräch aufgezeichnet, analysiert und potenziell kontrolliert wird. Massenüberwachung, die mithilfe von KI verstärkt und automatisiert wird, birgt das Risiko, die Grundlagen persönlicher Freiheit und Privatsphäre zu untergraben. Was einst als Schutzmechanismus gegen Bedrohungen propagiert wurde, könnte zu einem Instrument der Unterdrückung und Kontrolle werden.

Die Gefahr der Massenüberwachung liegt vor allem in der schieren Skalierbarkeit und Effizienz, die KI bietet. Algorithmen können in Echtzeit riesige Mengen an Daten aus Kameras, Smartphones, sozialen Netzwerken und anderen Quellen analysieren. Gesichter werden in Menschenmengen erkannt, Bewegungsmuster verfolgt und Verhaltensweisen interpretiert – oft ohne das Wissen oder die Zustimmung der betroffenen Personen. In einigen Ländern wird diese Technologie bereits eingesetzt, um sogenannte „soziale Kreditsysteme" zu betreiben, bei denen das Verhalten der Bürger bewertet und belohnt oder bestraft wird. Ein solches Szenario verdeutlicht, wie schnell Überwachung zu einem Mittel werden kann, um Konformität durchzusetzen und abweichendes Verhalten zu sanktionieren.

Doch die Gefahr der Massenüberwachung ist nicht auf autoritäre Regime beschränkt. Auch in demokratischen Gesellschaften gibt es einen wachsenden Einsatz von KI in Überwachungssystemen – oft unter dem Deckmantel der Sicherheit. Während die Prävention von Verbrechen und der Schutz vor Terrorismus legitime Ziele sein mögen, besteht die Gefahr, dass die Grenzen dessen, was überwacht wird, immer weiter verschoben werden. Eine einmal eingeführte Überwachungsinfrastruktur kann leicht für andere Zwecke missbraucht werden, etwa zur Verfolgung von politischen Gegnern, Aktivisten oder Journalisten.

Besonders besorgniserregend ist die Tatsache, dass KI-Systeme in der Überwachung häufig als neutral und objektiv dargestellt werden. Doch diese Vorstellung trügt. Die Algorithmen, die in Überwachungssystemen verwendet werden, sind oft anfällig für Verzerrungen, die in den Trainingsdaten verborgen sind.

Ein KI-System, das auf voreingenommenen Daten basiert, könnte bestimmte Bevölkerungsgruppen überproportional überwachen oder diskriminierende Muster verstärken. Dies ist kein hypothetisches Szenario – in der Praxis wurden bereits Fälle dokumentiert, in denen Überwachungstechnologie ethnische Minderheiten oder bestimmte soziale Gruppen gezielt ins Visier nahm.

Die Gefahr der Massenüberwachung wird durch die Tatsache verschärft, dass die Technologie oft undurchsichtig ist. Betroffene haben selten die Möglichkeit zu erfahren, welche Daten über sie gesammelt werden, wie diese verwendet werden oder ob sie falsch interpretiert wurden. Dieser Mangel an Transparenz schafft ein Klima des Misstrauens und der Unsicherheit, in dem Menschen zunehmend ihr Verhalten ändern, aus Angst, überwacht zu werden. Dies beeinträchtigt nicht nur die persönliche Freiheit, sondern auch den offenen Diskurs, der für demokratische Gesellschaften unerlässlich ist.

Die Vorstellung, dass Überwachung allgegenwärtig ist, birgt zudem das Risiko eines „Überwachungs-Chilling-Effekts". Menschen könnten sich selbst zensieren, aus Angst, dass jede ihrer Handlungen registriert und bewertet wird. Die kreative Entfaltung, die freie Meinungsäußerung und sogar die zwischenmenschliche Kommunikation könnten durch diese unsichtbare Kontrolle beeinträchtigt werden.

Die Herausforderung, die die Gefahr der Massenüberwachung darstellt, erfordert einen bewussten und kritischen Umgang mit KI-Technologie. Es ist unerlässlich, dass Gesellschaften klare ethische und gesetzliche Rahmenbedingungen schaffen, die den Einsatz von Überwachungstechnologie regeln und ihre missbräuchliche Nutzung verhindern. Gleichzeitig müssen Entwickler und Unternehmen, die solche Systeme bauen, Transparenz gewährleisten und sicherstellen, dass ihre Produkte den Grundprinzipien von Menschenrechten und Datenschutz entsprechen.

Massenüberwachung ist mehr als eine technische Möglichkeit

– sie ist ein ethisches und gesellschaftliches Dilemma. Der Umgang mit dieser Gefahr wird darüber entscheiden, ob wir KI nutzen, um die Freiheit und Sicherheit der Menschen zu stärken, oder ob wir in eine Zukunft blicken, in der Technologie als Werkzeug der Kontrolle und Unterdrückung dient. Der Balanceakt zwischen Sicherheit und Freiheit ist dabei nicht nur eine technische Frage, sondern eine zutiefst menschliche, die unsere Werte und Prioritäten reflektiert.

3.3.3   Möglichkeiten zum Schutz sensibler Daten

Der Schutz sensibler Daten ist in einer KI-getriebenen Welt von zentraler Bedeutung. Während Daten die Grundlage für Innovationen und Fortschritte bilden, wächst mit ihrer Nutzung auch die Verantwortung, diese Daten vor Missbrauch, Manipulation oder unbefugtem Zugriff zu schützen. Es stellt sich die Frage, wie technologische und organisatorische Maßnahmen dazu beitragen können, die Integrität und Sicherheit sensibler Informationen zu gewährleisten, ohne dabei die Möglichkeiten von KI einzuschränken.

Ein Schlüssel zum Schutz sensibler Daten liegt in der Prävention von Zugriffen, bevor sie überhaupt geschehen. Dies beginnt mit robusten Verschlüsselungstechnologien, die sicherstellen, dass Daten selbst dann unlesbar bleiben, wenn sie in falsche Hände geraten. Moderne Verschlüsselungslösungen ermöglichen es, Daten während ihrer Übertragung und Speicherung zu schützen, und bilden damit eine grundlegende Barriere gegen Cyberangriffe. Doch Verschlüsselung allein reicht nicht aus, da Angreifer immer neue Techniken entwickeln, um Sicherheitsmechanismen zu umgehen.

Ein vielversprechender Ansatz ist die Implementierung von „Privacy by Design". Dieses Konzept integriert den Datenschutz von Anfang an in die Entwicklung von KI-Systemen und gewährleistet, dass sensible Informationen nur dann erhoben und verarbeitet werden, wenn dies wirklich notwendig ist. So könnte ein KI-System beispielsweise mit anonymisierten

Daten trainiert werden, bei denen alle personenbezogenen Informationen entfernt oder verschleiert sind. Diese Technik, oft als „Differential Privacy" bezeichnet, stellt sicher, dass die Daten eines Einzelnen nicht zurückverfolgt werden können, während gleichzeitig wertvolle Erkenntnisse aus den Gesamtdaten gewonnen werden.

Darüber hinaus ist die Minimierung gesammelter Daten ein entscheidender Schritt. Viele KI-Systeme sammeln weit mehr Informationen, als tatsächlich benötigt werden, was das Risiko von Datenschutzverletzungen erhöht. Durch eine klare Definition der notwendigen Daten und den bewussten Verzicht auf überflüssige Informationen können Risiken erheblich reduziert werden. Dieser Ansatz, bekannt als „Datenminimierung", trägt dazu bei, die Angriffsfläche für potenzielle Bedrohungen zu verringern.

Neben technischen Lösungen spielen auch organisatorische Maßnahmen eine wichtige Rolle. Der Zugang zu sensiblen Daten muss streng kontrolliert werden, und nur autorisierte Personen sollten Zugriff auf bestimmte Informationen erhalten. Regelmäßige Schulungen und Sensibilisierungskampagnen können dazu beitragen, dass alle Beteiligten sich der Risiken bewusst sind und wissen, wie sie mit sensiblen Daten sicher umgehen können.

Auch die kontinuierliche Überwachung und Prüfung von Sicherheitsmaßnahmen ist unverzichtbar. Systeme, die einmal sicher waren, können durch neue Bedrohungen oder technologische Fortschritte anfällig werden. Regelmäßige Audits und Sicherheitsüberprüfungen helfen, Schwachstellen frühzeitig zu erkennen und Gegenmaßnahmen zu ergreifen. Dabei können KI-gestützte Systeme selbst zur Überwachung eingesetzt werden, indem sie verdächtige Aktivitäten oder potenzielle Angriffe in Echtzeit erkennen und melden.

Nicht zuletzt ist es wichtig, klare gesetzliche und ethische Rahmenbedingungen für den Umgang mit sensiblen Daten zu schaffen. Vorschriften wie die Datenschutz-Grundverordnung

(DSGVO) in Europa setzen Standards, die Unternehmen dazu verpflichten, den Schutz von Daten ernst zu nehmen und Verstöße konsequent zu ahnden. Doch Gesetze allein reichen nicht aus – sie müssen von einer gesellschaftlichen Haltung begleitet werden, die den Wert der Privatsphäre und den Schutz sensibler Informationen anerkennt.

Der Schutz sensibler Daten ist eine komplexe, aber lösbare Aufgabe. Er erfordert ein Zusammenspiel aus technologischen Innovationen, organisatorischer Disziplin und einem klaren ethischen Kompass. Nur wenn diese Elemente miteinander harmonieren, können wir das Potenzial der KI nutzen, ohne die Sicherheit und Privatsphäre der Menschen zu gefährden. Letztlich liegt es in unserer Verantwortung, die Achillesferse der Daten in einen stabilen und sicheren Grundpfeiler für die Zukunft zu verwandeln.

4 Gesellschaftliche und globale Perspektiven

Die zunehmende Integration von Künstlicher Intelligenz (KI) in nahezu alle Lebens- und Arbeitsbereiche verändert nicht nur die Art und Weise, wie wir arbeiten, sondern auch die Grundstrukturen von Wirtschaft und Gesellschaft. Diese Veränderungen werfen Fragen auf, die weit über technologische Innovation hinausgehen: Wie wird KI die Arbeitsmärkte beeinflussen? Welche neuen Möglichkeiten entstehen, und welche Herausforderungen bringen sie mit sich? Und wie müssen wir als Gesellschaft und politische Akteure reagieren, um sicherzustellen, dass diese Transformation zum Vorteil aller gestaltet wird?

Ein zentraler Punkt in dieser Debatte ist die Frage nach der Automatisierung und ihrem potenziellen Einfluss auf Arbeitsplätze. Viele befürchten, dass KI-Technologien massenhaft Arbeitsplätze ersetzen könnten, insbesondere in Berufen, die stark von Routineaufgaben geprägt sind. Doch ist dies wirklich eine unausweichliche Realität, oder handelt es sich um einen Mythos, der von Missverständnissen über die Natur der Automatisierung geprägt ist? Die Diskussion zeigt, dass die Wahrheit oft in der Mitte liegt. Während bestimmte Tätigkeiten durch KI ersetzt werden könnten, entstehen gleichzeitig neue Möglichkeiten, die den Arbeitsmarkt transformieren. Der Fokus liegt darauf, diese Übergänge bewusst zu gestalten und negative Auswirkungen abzufedern.

Neben der potenziellen Bedrohung für bestehende Arbeitsplätze wirft die KI-Revolution auch spannende Fragen nach neuen Berufsfeldern und Qualifikationsanforderungen auf. Während traditionelle Tätigkeiten durch Automatisierung verdrängt werden könnten, entstehen Berufe, die sich auf die Entwicklung, Überwachung und Optimierung von KI-Systemen konzentrieren. Gleichzeitig erfordert die Nutzung von KI, dass Arbeitnehmer in nahezu allen Branchen neue Fähigkeiten erwerben, von technischem Wissen über Datenanalyse bis hin zu ethischer Reflexion. Diese Entwicklungen machen deutlich, dass Bildung und Weiterbildung zu zentralen Bausteinen einer erfolgreichen Anpassung werden müssen.

Doch technische und berufliche Anpassungen allein reichen nicht aus. Der Einsatz von KI-Technologien hat tiefgreifende gesellschaftliche und politische Implikationen, die bewältigt werden müssen. Es braucht klare Strategien und Maßnahmen, um sicherzustellen, dass der technologische Fortschritt nicht zu sozialer Ungleichheit führt. Regierungen, Unternehmen und internationale Organisationen stehen vor der Aufgabe, rechtliche Rahmenbedingungen, soziale Absicherungen und wirtschaftspolitische Leitlinien zu entwickeln, die einen fairen Übergang in das KI-Zeitalter gewährleisten. Nur durch diese Anpassungen kann die Technologie zu einem Werkzeug werden, das Wohlstand und Gerechtigkeit fördert, anstatt bestehende Ungleichheiten zu verschärfen.

Die gesellschaftlichen und globalen Perspektiven auf KI bieten somit ein breites Spektrum an Chancen und Herausforderungen. Sie zeigen, dass der technologische Fortschritt nicht isoliert betrachtet werden kann, sondern in einem Kontext steht, der Wirtschaft, Bildung, Politik und soziale Strukturen umfasst. Dieses Kapitel dient als Einladung, über die weitreichenden Konsequenzen der KI nachzudenken und Wege zu finden, wie wir gemeinsam eine Zukunft gestalten können, die von Innovation und Gerechtigkeit geprägt ist.

4.1   Die Zukunft der Arbeit

Die zunehmende Integration von Künstlicher Intelligenz (KI) in nahezu alle Lebens- und Arbeitsbereiche verändert nicht nur die Art und Weise, wie wir arbeiten, sondern auch die Grundstrukturen von Wirtschaft und Gesellschaft. Diese Veränderungen werfen Fragen auf, die weit über technologische Innovation hinausgehen: Wie wird KI die Arbeitsmärkte beeinflussen? Welche neuen Möglichkeiten entstehen, und welche Herausforderungen bringen sie mit sich? Und wie müssen wir als Gesellschaft und politische Akteure reagieren, um sicherzustellen, dass diese Transformation zum Vorteil aller gestaltet wird?

Ein zentraler Punkt in dieser Debatte ist die Frage nach der Automatisierung und ihrem potenziellen Einfluss auf Arbeitsplätze. Viele befürchten, dass KI-Technologien massenhaft Arbeitsplätze ersetzen könnten, insbesondere in Berufen, die stark von Routineaufgaben geprägt sind. Doch ist dies wirklich eine unausweichliche Realität, oder handelt es sich um einen Mythos, der von Missverständnissen über die Natur der Automatisierung geprägt ist? Die Diskussion zeigt, dass die Wahrheit oft in der Mitte liegt. Während bestimmte Tätigkeiten durch KI ersetzt werden könnten, entstehen gleichzeitig neue Möglichkeiten, die den Arbeitsmarkt transformieren. Der Fokus liegt darauf, diese Übergänge bewusst zu gestalten und negative Auswirkungen abzufedern.

Neben der potenziellen Bedrohung für bestehende Arbeitsplätze wirft die KI-Revolution auch spannende Fragen nach neuen Berufsfeldern und Qualifikationsanforderungen auf. Während traditionelle Tätigkeiten durch Automatisierung verdrängt werden könnten, entstehen Berufe, die sich auf die Entwicklung, Überwachung und Optimierung von KI-Systemen konzentrieren. Gleichzeitig erfordert die Nutzung von KI, dass Arbeitnehmer in nahezu allen Branchen neue Fähigkeiten erwerben, von technischem Wissen über Datenanalyse bis hin zu ethischer Reflexion. Diese Entwicklungen machen deutlich, dass Bildung und Weiterbildung zu zentralen Bausteinen einer erfolgreichen Anpassung werden müssen.

Doch technische und berufliche Anpassungen allein reichen nicht aus. Der Einsatz von KI-Technologien hat tiefgreifende gesellschaftliche und politische Implikationen, die bewältigt werden müssen. Es braucht klare Strategien und Maßnahmen, um sicherzustellen, dass der technologische Fortschritt nicht zu sozialer Ungleichheit führt. Regierungen, Unternehmen und internationale Organisationen stehen vor der Aufgabe, rechtliche Rahmenbedingungen, soziale Absicherungen und wirtschaftspolitische Leitlinien zu entwickeln, die einen fairen Übergang in das KI-Zeitalter gewährleisten. Nur durch diese Anpassungen kann die Technologie zu einem Werkzeug werden, das Wohlstand und Gerechtigkeit fördert, anstatt bestehende Ungleichheiten zu verschärfen.

Die gesellschaftlichen und globalen Perspektiven auf KI bieten somit ein breites Spektrum an Chancen und Herausforderungen. Sie zeigen, dass der technologische Fortschritt nicht isoliert betrachtet werden kann, sondern in einem Kontext steht, der Wirtschaft, Bildung, Politik und soziale Strukturen umfasst. Dieses Kapitel dient als Einladung, über die weitreichenden Konsequenzen der KI nachzudenken und Wege zu finden, wie wir gemeinsam eine Zukunft gestalten können, die von Innovation und Gerechtigkeit geprägt ist. Die tiefgreifenden gesellschaftlichen und globalen Auswirkungen der KI stellen uns vor grundlegende Fragen zur Zukunft der Arbeit. Während die Technologie einerseits Prozesse automatisiert und Effizienz steigert, wirft sie andererseits Bedenken auf, wie sich diese Veränderungen auf Arbeitsmärkte, Berufsbilder und individuelle Existenzen auswirken werden. Die Diskussion um Automatisierung, neue Qualifikationsanforderungen und notwendige soziale Anpassungen läuft letztlich darauf hinaus, wie wir Arbeit im Zeitalter der KI definieren und gestalten wollen.

Im nächsten Abschnitt widmen wir uns dieser zentralen Fragestellung und beleuchten, welche Chancen und Risiken die „Zukunft der Arbeit" in einer KI-getriebenen Welt mit sich bringt.

4.1.1 Automatisierung und Arbeitsplatzverlust: Mythos oder Realität?

Die Einführung von Künstlicher Intelligenz (KI) und Automatisierung in die Arbeitswelt hat eine der zentralsten

Debatten unserer Zeit ausgelöst: Wird diese technologische Revolution eine Welle von Arbeitsplatzverlusten nach sich ziehen, oder erleben wir lediglich eine Neuordnung der Arbeitsmärkte? Während einige Vorhersagen ein düsteres Bild zeichnen, in dem Maschinen Millionen von Menschen verdrängen, weisen andere darauf hin, dass technologische Innovation historisch immer auch neue Möglichkeiten und Tätigkeitsfelder geschaffen hat. Die Wahrheit liegt, wie so oft, irgendwo dazwischen.

Automatisierung ist unbestreitbar ein mächtiger Treiber des Wandels. Tätigkeiten, die auf wiederholbaren, standardisierten Prozessen beruhen – wie in der Fertigung, Logistik oder sogar in bestimmten administrativen Berufen – werden zunehmend von Maschinen übernommen. Maschinen sind schneller, präziser und oft kostengünstiger, was Unternehmen dazu veranlasst, ihre Prozesse zu optimieren und die Produktivität zu steigern. Dieser Trend hat bereits dazu geführt, dass bestimmte Berufe stark zurückgegangen sind, und wird sich in den kommenden Jahren voraussichtlich fortsetzen.

Doch Automatisierung bedeutet nicht zwangsläufig, dass menschliche Arbeit vollständig ersetzt wird. Vielmehr verschieben sich die Anforderungen und Rollen. Während einige Tätigkeiten verschwinden, entstehen gleichzeitig neue. Berufe, die sich auf die Entwicklung, Überwachung und Wartung von KI-Systemen konzentrieren, sind auf dem Vormarsch. Auch im kreativen und zwischenmenschlichen Bereich gibt es Tätigkeiten, die Maschinen nicht ersetzen können. Tätigkeiten, die kritisches Denken, Empathie oder kreative Problemlösungen erfordern, bleiben weiterhin fest in menschlicher Hand.

Ein weiteres Missverständnis über Automatisierung besteht darin, dass sie nur Arbeitsplätze in unteren Qualifikationsstufen betrifft. Tatsächlich werden auch hochspezialisierte Berufe, wie etwa im Rechtswesen oder in der Medizin, von KI beeinflusst. Maschinen übernehmen repetitive Aufgaben wie die Analyse von Verträgen oder die Interpretation von Diagnosedaten, während Experten sich auf strategische oder kreative Aufgaben konzentrieren können.

Die Auswirkungen der Automatisierung hängen stark von der Art des Wirtschaftssystems und der gesellschaftlichen Reaktion ab. Länder und Unternehmen, die in Bildung, Umschulung und soziale Sicherung investieren, können den Übergang abfedern und von den Vorteilen der Automatisierung profitieren. Andernorts könnten jedoch ganze Bevölkerungsgruppen von diesen Entwicklungen abgehängt werden, wenn keine Maßnahmen zur Unterstützung ergriffen werden.

Die Frage, ob Automatisierung zu Massenarbeitslosigkeit oder zu neuen Chancen führt, ist also weniger eine technische als eine gesellschaftliche. Sie hängt davon ab, wie bewusst und verantwortlich wir diese Transformation gestalten. Die Geschichte lehrt uns, dass technologische Revolutionen stets sowohl Herausforderungen als auch Möglichkeiten mit sich bringen. KI und Automatisierung bilden da keine Ausnahme – sie laden uns ein, nicht nur die Technologie zu nutzen, sondern auch die Rahmenbedingungen zu schaffen, die diese Entwicklungen positiv für alle gestalten. Die Debatte um Automatisierung und Arbeitsplatzverlust ist nicht neu. Schon während der industriellen Revolution lösten mechanische Webstühle, Dampfmaschinen und andere Innovationen ähnliche Ängste aus. Damals wie heute zeigte sich jedoch, dass technologische Fortschritte zwar einzelne Tätigkeiten verdrängen, gleichzeitig aber auch neue Industrien und Berufsfelder schaffen können. Mit der Einführung der KI stehen wir nun an einer ähnlichen Schwelle, aber mit einem entscheidenden Unterschied: Die Geschwindigkeit und der Umfang des technologischen Wandels sind beispiellos.

Ein Schlüsselaspekt der Automatisierungsdebatte ist die Unterscheidung zwischen Aufgaben und Berufen. Studien, wie die von Frey und Osborne (2013), die besagen, dass bis zu 47 % der Arbeitsplätze automatisierbar seien, wurden später relativiert. Nicht ganze Berufe verschwinden, sondern einzelne Aufgaben innerhalb eines Berufs. Ein Buchhalter verliert möglicherweise nicht seinen Arbeitsplatz, aber Routineaufgaben wie die Verarbeitung von Belegen oder die Erstellung von Standardberichten werden zunehmend automatisiert. Dadurch verschieben sich die Anforderungen an den Beruf hin zu analytischen, beratenden und strategischen Tätigkeiten, die menschliche Expertise erfordern.

Gleichzeitig ist die Automatisierung nicht überall gleichermaßen spürbar. In Branchen mit hohem Innovationsdruck, wie der Technologie- oder Finanzbranche, schreitet sie rasant voran, während sie in anderen Bereichen, etwa im Handwerk oder in der Pflege, langsamer voranschreitet. Gerade Berufe, die intensive zwischenmenschliche Interaktion erfordern, sind schwer zu automatisieren. Der Bedarf an Empathie, Intuition und situativer Anpassungsfähigkeit übersteigt die Fähigkeiten selbst der fortschrittlichsten KI-Systeme.

Ein weiterer oft übersehener Aspekt ist der globale Kontext. Während hochentwickelte Volkswirtschaften zunehmend in KI investieren, um Arbeitskräfte zu entlasten, könnte dies in Ländern mit niedrigem Einkommensniveau und einer starken Abhängigkeit von manueller Arbeit zu sozialen Verwerfungen führen. Automatisierte Fertigung könnte Arbeitsplätze in Schwellenländern gefährden, die bislang von kostengünstiger Arbeitskraft profitiert haben. Dies zeigt, dass Automatisierung nicht nur eine nationale, sondern eine globale Herausforderung darstellt.

Die Automatisierung beeinflusst auch die Art und Weise, wie Menschen über Arbeit denken. Traditionelle Arbeitsmodelle, die auf einer klaren Trennung zwischen Mensch und Maschine basieren, werden zunehmend durch hybride Modelle ersetzt, in denen Mensch und KI gemeinsam Aufgaben bewältigen. Dieser „Human-in-the-Loop"-Ansatz erlaubt es, die Stärken beider Seiten zu kombinieren: die Präzision und

Geschwindigkeit der Maschine mit der kreativen und ethischen Entscheidungsfähigkeit des Menschen. Beispiele dafür finden sich bereits in der Medizin, wo Ärzte mit KI-gestützten Systemen zusammenarbeiten, um Diagnosen zu verbessern, oder in der Luftfahrt, wo Piloten auf Autopilotsysteme vertrauen, jedoch in kritischen Momenten die Kontrolle übernehmen können.

Die Frage nach den Auswirkungen der Automatisierung ist letztlich auch eine Frage der politischen und gesellschaftlichen Gestaltung. Der technologische Fortschritt ist unausweichlich, aber seine Folgen sind es nicht. Länder, die aktiv in Weiterbildung und Umschulungsprogramme investieren, können Arbeitnehmer auf neue Anforderungen vorbereiten. Gleichzeitig sind soziale Sicherungssysteme gefragt, um diejenigen abzufedern, die durch den Wandel kurzfristig benachteiligt werden. Ideen wie ein bedingungsloses Grundeinkommen werden in diesem Zusammenhang immer häufiger diskutiert, um die Unsicherheiten einer sich wandelnden Arbeitswelt zu mindern.

Zusammenfassend zeigt sich, dass die Auswirkungen der Automatisierung von der Art der Tätigkeiten, der Branche, dem geografischen Kontext und den politischen Reaktionen abhängen. Es liegt an uns, diese Revolution so zu gestalten, dass sie nicht nur Effizienz und Produktivität steigert, sondern auch soziale Gerechtigkeit und individuelle Entfaltungsmöglichkeiten fördert. Die Frage ist nicht, ob Automatisierung stattfindet, sondern wie wir mit ihr umgehen – und wie wir sicherstellen, dass sie zu einem Werkzeug des Fortschritts wird, an dem alle teilhaben können.

4.1.2 Neue Berufsfelder und Qualifikationsanforderungen

Die Arbeitswelt steht an einem Wendepunkt, der durch die rasante Entwicklung und Verbreitung von Künstlicher Intelligenz (KI) geprägt ist. Technologien, die einst als Zukunftsvision galten, sind heute Teil des Alltags in Unternehmen, von automatisierten Prozessen in der Produktion bis hin zu datengetriebenen Entscheidungen in der Finanzbranche. Diese Transformation wirkt sich nicht nur auf bestehende Berufe aus, sondern schafft auch völlig neue Tätigkeitsfelder, die ohne KI nicht existieren könnten. Dabei stehen wir vor einer doppelten Herausforderung: Einerseits müssen traditionelle Berufe und deren Anforderungen an die neuen technologischen Möglichkeiten angepasst werden, andererseits entstehen gänzlich neue Rollen, die spezialisierte Fähigkeiten und ein tiefes Verständnis für KI-Systeme erfordern.

Dieser Wandel ist nicht auf bestimmte Branchen beschränkt – er erfasst nahezu alle Bereiche der Wirtschaft und Gesellschaft. Vom Gesundheitswesen über die Medien bis hin zur Automobilindustrie: Überall verändert KI die Art und Weise, wie wir arbeiten. Doch mit den technologischen Möglichkeiten wächst auch die Verantwortung, die richtigen Kompetenzen zu fördern und Arbeitnehmer auf diese neuen Anforderungen vorzubereiten. Während Berufe, die auf Routinetätigkeiten basieren, zunehmend automatisiert werden, gewinnen kreative, strategische und zwischenmenschliche Fähigkeiten an Bedeutung. Gleichzeitig müssen neue Berufsbilder definiert und entwickelt werden, um die Potenziale von KI vollständig auszuschöpfen.

Diese Entwicklung ist nicht nur eine technologische Revolution, sondern auch ein gesellschaftlicher und wirtschaftlicher Umbruch. Sie fordert von Unternehmen, Bildungseinrichtungen und politischen Entscheidungsträgern, aktiv auf diese Veränderungen zu reagieren und den Übergang in eine KI-getriebene Arbeitswelt zu gestalten. Nur so kann sichergestellt werden, dass die Chancen der KI nicht nur einigen wenigen zugutekommen, sondern breiten gesellschaftlichen Nutzen stiften.

4.1.2.1 Komplett neue Berufsfelder: Die Pioniere der KI

Ein Paradebeispiel für neu entstandene Berufsfelder ist die Rolle des **KI-Ingenieurs (Machine Learning Engineer)**. Diese Fachkräfte entwickeln Algorithmen und Modelle, die es Systemen ermöglichen, eigenständig zu lernen und komplexe Aufgaben zu lösen. Ihr Wissen reicht von Statistik und Datenanalyse bis hin zu Programmierung und Modellierung. Diese Berufe existierten vor wenigen Jahren nur in einem akademischen Kontext, doch heute sind sie in Technologieunternehmen, der Automobilindustrie oder der Gesundheitsbranche unverzichtbar.

Ein weiteres neues Berufsfeld ist der **KI-Ethiker**, der sich mit den moralischen und gesellschaftlichen Implikationen von KI befasst. Diese Rolle wird zunehmend gefragt, da Unternehmen und Regierungen sicherstellen müssen, dass ihre KI-Systeme fair, transparent und im Einklang mit ethischen Grundsätzen eingesetzt werden. Beispielsweise haben große Technologieunternehmen wie IBM und Google bereits Ethik-Teams eingerichtet, die sicherstellen, dass ihre Produkte keine diskriminierenden Ergebnisse liefern.

Datenkuratoren oder **Datenaufbereiter** sind ebenfalls ein neues Berufsfeld. Diese Spezialisten stellen sicher, dass die riesigen Datenmengen, die KI-Systeme benötigen, korrekt und repräsentativ sind. Ihre Arbeit reicht von der Auswahl geeigneter Datenquellen bis hin zur Reinigung von Daten, um Verzerrungen zu vermeiden.

4.1.2.2 Bestehende Berufe im Wandel

Neben neuen Berufen verändern sich viele bestehende Tätigkeiten grundlegend. Ein gutes Beispiel hierfür ist der **Journalismus**. Während KI-Systeme bereits Nachrichtenartikel zu Finanzberichten oder Sportergebnissen generieren können, bleibt die Aufgabe von Journalisten entscheidend, Geschichten zu recherchieren, Interviews zu führen und komplexe Sachverhalte einzuordnen. Die Arbeit hat sich jedoch verändert: Journalisten müssen zunehmend Datenkompetenz entwickeln, um KI-gestützte Recherche-Tools effektiv zu nutzen.

Ein weiteres Beispiel ist die **Pflegebranche**. Hier übernehmen KI-gestützte Systeme Routineaufgaben wie die Überwachung von Vitalwerten oder die Analyse von Patientendaten. Pflegekräfte können sich dadurch stärker auf die persönliche Betreuung konzentrieren. Ihr Beruf wird technischer, da sie lernen müssen, diese Systeme zu bedienen und deren Ergebnisse zu interpretieren, aber die menschliche Empathie bleibt unersetzlich.

Auch im Bereich der **Bildung** verändert sich der Beruf des Lehrers. Mit der Einführung personalisierter Lernplattformen, die von KI gesteuert werden, können Lehrer ihre Rolle erweitern. Sie werden zu Moderatoren, die individuelle Lernfortschritte analysieren und Schüler gezielt unterstützen. Gleichzeitig erfordert dies, dass sie digitale Kompetenzen entwickeln, um diese Technologien effektiv einzusetzen.

4.1.2.3 Ein Blick in die Praxis: Was bedeutet das konkret?

Im Gesundheitswesen sehen wir beide Aspekte: **Radiologen** und Hautärzte arbeiten zunehmend mit KI-Systemen, die medizinische Bilder analysieren und Anomalien wie Tumore erkennen. Die KI übernimmt hier Routineaufgaben, doch die abschließende Diagnose und die Einordnung der Ergebnisse bleiben in der Verantwortung des Arztes. Gleichzeitig entstehen Berufe wie **KI-Entwickler im Gesundheitswesen**, die diese Systeme programmieren und anpassen.

In der Automobilbranche führen autonome Fahrzeuge zu einem Wandel bei **Fahrzeugingenieuren** und schaffen gleichzeitig neue Rollen wie **Sicherheitsbeauftragte für autonome Systeme**, die sicherstellen, dass selbstfahrende Autos ethische und gesetzliche Standards einhalten.

Die Finanzbranche zeigt, wie KI bestehende Berufe verändert: **Finanzanalysten** nutzen KI, um riesige Datenmengen zu analysieren und Trends vorherzusagen, während die

Interpretation und strategische Planung weiterhin von Menschen durchgeführt wird. Gleichzeitig entstehen Berufe wie **KI-Risikoanalysten**, die sicherstellen, dass Algorithmen keine verzerrten oder unethischen Ergebnisse liefern.

Die Zukunft der Arbeit wird sowohl von neuen Berufsfeldern als auch von der Anpassung bestehender Tätigkeiten geprägt. Während KI-Ingenieure, Ethiker und Datenkuratoren hervorbringt, verändert sie Berufe wie Journalisten, Lehrer und Pflegekräfte grundlegend. Der Schlüssel liegt darin, Arbeitnehmer mit den nötigen Fähigkeiten auszustatten, um diese neuen Chancen zu nutzen und gleichzeitig traditionelle Rollen weiterzuentwickeln. Die Herausforderung besteht nicht nur darin, die Technologie zu gestalten, sondern auch die Menschen auf diesen Wandel vorzubereiten. Nur durch kontinuierliche Weiterbildung, flexible Bildungssysteme und gezielte Investitionen in neue Kompetenzen kann dieser Übergang erfolgreich gemeistert werden.

4.1.3 Die Notwendigkeit sozialer und politischer Anpassungen

Die Integration von Künstlicher Intelligenz (KI) in die Arbeitswelt bringt nicht nur technologische Innovationen mit sich, sondern auch tiefgreifende soziale und politische Herausforderungen. Während KI dazu beiträgt, Prozesse effizienter zu gestalten und neue Möglichkeiten zu schaffen, stellt sie bestehende Strukturen in Frage und verlangt eine grundlegende Anpassung, um gesellschaftliche Stabilität und Gerechtigkeit zu gewährleisten. Diese Veränderungen betreffen nicht nur die Arbeitsmärkte, sondern auch Bildungssysteme, soziale Sicherungsnetze und gesetzliche Regelungen.

Ein zentraler Aspekt der Anpassung ist die Förderung von Bildung und Weiterbildung, die den Menschen befähigt, mit den Anforderungen der KI-Welt Schritt zu halten. Die Transformation der Arbeitswelt bedeutet, dass viele traditionelle Berufe an Bedeutung verlieren, während neue

Tätigkeitsfelder entstehen. Ohne gezielte Bildungsinitiativen droht eine Polarisierung, bei der hochqualifizierte Arbeitnehmer von den Vorteilen der Technologie profitieren, während weniger qualifizierte Menschen abgehängt werden. Hierbei sind flexible Bildungsmodelle erforderlich, die es ermöglichen, digitale Kompetenzen und technologische Fähigkeiten bereits in der Schule zu vermitteln und gleichzeitig Weiterbildungsprogramme für Erwachsene anzubieten. Dies schließt auch die Förderung von Fähigkeiten wie kritischem Denken, Kreativität und sozialer Intelligenz ein – Kompetenzen, die Maschinen nicht ersetzen können.

Ein weiterer zentraler Punkt ist die Anpassung der sozialen Sicherungssysteme. Die Automatisierung bestimmter Tätigkeiten könnte zu Einkommensunsicherheiten und Beschäftigungsverlusten führen. Um diesen Übergang abzufedern, müssen soziale Sicherungsmaßnahmen modernisiert werden. Modelle wie ein bedingungsloses Grundeinkommen oder ein stärker auf Weiterbildung ausgerichtetes Arbeitslosengeld werden zunehmend diskutiert. Gleichzeitig könnten neue Finanzierungsmechanismen erforderlich sein, etwa durch die Besteuerung von KI-basierten Automatisierungsgewinnen, um Mittel für soziale Programme bereitzustellen.

Darüber hinaus müssen faire Bedingungen auf dem Arbeitsmarkt geschaffen werden. KI birgt das Risiko, bestehende Ungleichheiten zu verschärfen, insbesondere wenn der Zugang zu Bildung und technologischen Ressourcen ungleich verteilt ist. Regierungen und Unternehmen müssen Maßnahmen ergreifen, um Chancengleichheit sicherzustellen. Steuerliche Anreize könnten Unternehmen motivieren, in die Weiterqualifikation ihrer Mitarbeiter zu investieren, während öffentliche Programme gezielt benachteiligte Gruppen unterstützen sollten.

Ein weiterer Aspekt ist die Regulierung des technologischen Wandels. KI-gestützte Systeme haben das Potenzial,

Arbeitsprozesse grundlegend zu verändern, bringen jedoch auch Risiken wie Diskriminierung oder Missbrauch automatisierter Systeme mit sich. Gesetzgeber müssen sicherstellen, dass KI-gestützte Technologien transparent, fair und ethisch eingesetzt werden. Dies erfordert klare Richtlinien, die sicherstellen, dass KI nicht nur wirtschaftlichen Interessen dient, sondern auch gesellschaftlichen Werten entspricht. Internationale Kooperationen könnten dabei helfen, globale Standards für den verantwortungsvollen Einsatz von KI zu entwickeln.

Auf sozialer Ebene muss sich die Gesellschaft auch mit den ethischen und kulturellen Auswirkungen des Wandels auseinandersetzen. Die Frage, wie Arbeit in einer automatisierten Welt definiert wird, rückt in den Fokus. Welche Rolle spielt menschliche Arbeit, wenn Maschinen immer mehr Aufgaben übernehmen? Hier könnten neue Konzepte wie das bedingungslose Grundeinkommen oder eine verkürzte Arbeitswoche Antworten bieten. Diese Ansätze erfordern jedoch eine breite gesellschaftliche Diskussion, die unterschiedliche Werte und Perspektiven berücksichtigt.

Die Notwendigkeit sozialer und politischer Anpassungen geht über technische Lösungen hinaus. Es handelt sich um eine Gelegenheit, eine Arbeitswelt zu schaffen, die nicht nur effizient und innovativ, sondern auch inklusiv und gerecht ist. Regierungen, Unternehmen, Bildungseinrichtungen und die Zivilgesellschaft müssen gemeinsam daran arbeiten, den technologischen Wandel aktiv zu gestalten, anstatt ihn lediglich zu akzeptieren. Durch gezielte Investitionen in Bildung, die Modernisierung sozialer Sicherungssysteme und eine verantwortungsvolle Regulierung können wir sicherstellen, dass KI als Werkzeug des Fortschritts dient – für alle, nicht nur für wenige.

4.2 Regulierung und Governance

Die rasante Entwicklung Künstlicher Intelligenz (KI) stellt Regierungen, Unternehmen und die Gesellschaft vor die dringende Aufgabe, klare Regeln und Leitplanken für ihren Einsatz zu definieren. Die Regulierung dieser Technologie ist dabei kein rein nationaler Prozess, sondern eine globale Herausforderung, da KI-Systeme über Ländergrenzen hinweg eingesetzt und ihre Auswirkungen weltweit spürbar werden. Dieses Kapitel bietet einen Überblick über den aktuellen Stand der Regulierung, beleuchtet die Schwierigkeiten bei der Schaffung einheitlicher Standards und zeigt Wege auf, wie durch ethische Leitplanken und internationale Kooperation ein verantwortungsvoller Einsatz von KI gefördert werden kann.

Zunächst wird der aktuelle Stand der KI-Regulierung weltweit betrachtet. Verschiedene Länder verfolgen unterschiedliche Ansätze, um den Einsatz von KI zu regeln – von umfassenden Datenschutzgesetzen bis hin zu spezifischen Vorgaben für KI-gestützte Anwendungen. Während Europa mit der geplanten KI-Verordnung (AI Act) versucht, strenge Standards für Transparenz, Sicherheit und ethische Prinzipien zu setzen, verfolgen andere Länder wie die USA oder China andere Prioritäten, die oft stärker auf Innovation und Wettbewerbsfähigkeit ausgerichtet sind. Diese unterschiedlichen Ansätze verdeutlichen die Komplexität, eine kohärente globale Regulierung zu erreichen.

Doch gerade diese Unterschiede führen zu erheblichen Herausforderungen bei der Regulierung einer globalen Technologie wie KI. Die Tatsache, dass KI-Systeme oft in einem Land entwickelt, in einem anderen trainiert und in weiteren Regionen eingesetzt werden, macht es schwierig, Verantwortlichkeiten und Zuständigkeiten klar zu definieren. Hinzu kommt die Sorge, dass zu strenge Regelungen Innovationen hemmen könnten, während ein Mangel an Regeln ethische und sicherheitstechnische Risiken birgt. Dieses Spannungsfeld erfordert eine sorgfältige Abwägung zwischen der Förderung von technologischen Fortschritten und der Minimierung potenzieller Gefahren.

Angesichts dieser Herausforderungen stellt sich die Frage, wie ethische Leitplanken und internationale Kooperation dazu beitragen können, ein Gleichgewicht zwischen Innovation und Verantwortung zu schaffen. Vorschläge reichen von der Entwicklung globaler Standards, die von internationalen Organisationen wie der UNESCO oder den Vereinten Nationen koordiniert werden, bis hin zu multilateralen Abkommen, die den Austausch von Best Practices und Technologien fördern. Eine zentrale Rolle spielt dabei die Schaffung eines Rahmens, der Transparenz, Fairness und den Schutz der Menschenrechte gewährleistet, während er gleichzeitig wirtschaftliche und technologische Entwicklungen unterstützt.

Dieses Kapitel zeigt, dass Regulierung und Governance von KI nicht nur eine technische oder juristische Herausforderung sind, sondern auch eine ethische und gesellschaftliche Aufgabe, die das Potenzial hat, die Zukunft der Technologie entscheidend zu prägen. Die Balance zwischen Fortschritt und Verantwortung wird dabei zum Schlüsselfaktor, um die Chancen von KI zu nutzen und ihre Risiken zu minimieren.

Die Frage, wie KI reguliert werden sollte, ist untrennbar mit den bestehenden Regelwerken und Ansätzen verbunden, die weltweit entwickelt wurden. Unterschiedliche Länder haben bereits erste Schritte unternommen, um den Einsatz von KI zu regeln, doch diese Ansätze variieren stark und spiegeln die Prioritäten, Werte und wirtschaftlichen Interessen der jeweiligen Regionen wider. Um die Herausforderungen und Potenziale einer globalen Regulierung besser zu verstehen, lohnt sich ein Blick auf den aktuellen Stand der KI-Regulierung weltweit.

4.2.1 Der aktuelle Stand der KI-Regulierung weltweit

Die Regulierung von Künstlicher Intelligenz (KI) befindet sich weltweit in einer dynamischen und noch uneinheitlichen

Entwicklungsphase. Während die Technologie zunehmend in unser tägliches Leben integriert wird, hinken gesetzliche und ethische Rahmenwerke oft hinterher. Verschiedene Länder und Regionen haben begonnen, erste Richtlinien und Gesetze zu formulieren, doch ihre Ansätze unterscheiden sich erheblich. Diese Unterschiede spiegeln jeweils spezifische nationale Prioritäten wider – sei es der Schutz von Grundrechten, die Förderung von Innovation oder geopolitische Ambitionen. Ein Blick auf die aktuellen Initiativen verdeutlicht sowohl den Fortschritt als auch die Herausforderungen bei der globalen Regulierung von KI.

Europa nimmt mit seinem **AI Act** eine Vorreiterrolle ein und strebt an, das erste umfassende Regelwerk für KI zu schaffen. Dieser Entwurf klassifiziert KI-Anwendungen anhand ihres Risikopotenzials: Systeme mit geringem Risiko, wie Spam-Filter, unterliegen geringeren Anforderungen, während Hochrisikoanwendungen – etwa KI für medizinische Diagnosen, autonome Fahrzeuge oder biometrische Gesichtserkennung – strengen Regeln unterliegen. Ein besonders umstrittenes Beispiel ist der Einsatz von KI-gestützter Gesichtserkennung durch Strafverfolgungsbehörden. Während der AI Act hier Transparenz und Nachvollziehbarkeit verlangt, fordern einige Interessengruppen ein vollständiges Verbot solcher Technologien in öffentlichen Räumen, um den Schutz der Privatsphäre sicherzustellen. Der europäische Ansatz kombiniert ethische Grundprinzipien mit dem Ziel, Vertrauen in KI-Systeme zu schaffen, wobei Innovation nicht ausgebremst werden soll. Dies zeigt sich in Förderprogrammen, die Unternehmen unterstützen, die sich an diese Standards halten.

In den **Vereinigten Staaten** ist die Regulierung von KI weniger zentralisiert und stark sektoral geprägt. So gibt es spezifische Regelungen für KI im Finanzwesen, etwa zur Bekämpfung von Diskriminierung bei Kreditentscheidungen, oder in der Medizin, wo die FDA (Food and Drug Administration) KI-basierte Diagnosetools überprüft. Ein prominentes Beispiel ist die Nutzung von KI in der Justiz: In einigen US-Bundesstaaten werden Algorithmen eingesetzt, um Entscheidungen über Kautionszahlungen oder Haftstrafen zu unterstützen. Kritiker bemängeln jedoch, dass diese Algorithmen oft unausgewogene Daten nutzen und so systematische Diskriminierung verstärken könnten. Obwohl nationale Regulierungsinitiativen existieren, liegt der Fokus der USA stark auf der Förderung von Innovation und der Sicherung der globalen Wettbewerbsfähigkeit – insbesondere im Wettbewerb mit China.

China verfolgt einen strategisch klar definierten und stark regulierten Ansatz. KI wird dort als Schlüsseltechnologie zur wirtschaftlichen und geopolitischen Stärkung gesehen. Gleichzeitig reguliert der Staat den Einsatz von Algorithmen, insbesondere in sozialen Netzwerken und der Unterhaltung, um „harmonische" Inhalte zu fördern und unerwünschte Informationen zu kontrollieren. Beispiele hierfür sind Vorschriften, die Plattformen dazu verpflichten, algorithmische Entscheidungen offenzulegen und Nutzern zu ermöglichen, personalisierte Empfehlungen zu deaktivieren. Allerdings wird KI in China auch massiv für Überwachungszwecke eingesetzt, etwa durch biometrische Gesichtserkennung und soziale Kreditsysteme, die das Verhalten von Bürgern bewerten. Diese Ansätze werfen erhebliche ethische Bedenken auf, insbesondere im Hinblick auf Datenschutz und persönliche Freiheiten.

Auch andere Länder wie **Japan**, **Kanada** oder **Australien** haben Initiativen gestartet, die meist auf freiwilligen Leitlinien oder sektorspezifischen Regelungen basieren. Kanada, ein Pionier in der Förderung ethischer KI, hat beispielsweise die „Directive on Automated Decision-Making" eingeführt, die vorschreibt, dass alle KI-gestützten Systeme der Regierung transparent sein und klare Kontrollmechanismen bieten müssen. In Japan hingegen liegt der Schwerpunkt darauf, KI so zu fördern, dass sie mit sozialen Werten und kulturellen Normen harmoniert. Hier wird verstärkt auf die Entwicklung von KI für die alternde Gesellschaft gesetzt, etwa durch Roboter für die Pflege.

Ein zentrales Problem bei der globalen Regulierung von KI ist die Uneinheitlichkeit der Ansätze. Während Europa versucht, mit strengen ethischen Standards die Richtung vorzugeben, setzen die USA und China auf wirtschaftliche und geopolitische Vorteile. Diese Divergenzen erschweren die Schaffung globaler Standards, die besonders bei grenzüberschreitend eingesetzten Technologien von entscheidender Bedeutung wären. Beispielsweise könnten unterschiedliche Anforderungen an Datenschutz oder algorithmische Transparenz dazu führen, dass ein KI-System, das in einem Land zugelassen ist, in einem anderen verboten wird.

Ein konkretes Beispiel für die Auswirkungen solcher Unterschiede ist der Einsatz von KI in autonomen Fahrzeugen. Während Europa strenge Sicherheits- und Ethikstandards für selbstfahrende Autos fordert, setzen die USA auf schnellere Testphasen und Markteinführungen. Dies schafft Spannungen zwischen Technologieanbietern, die weltweit agieren, und den unterschiedlichen regulatorischen Anforderungen, denen sie gerecht werden müssen.

Die Regulierung von KI weltweit ist geprägt von unterschiedlichen Ansätzen, Prioritäten und Herausforderungen. Während Europa auf ethische Grundsätze und Transparenz setzt, verfolgen Länder wie die USA und China eher pragmatische oder strategische Ziele. Diese Fragmentierung macht deutlich, wie schwierig es ist, eine gemeinsame Grundlage für den verantwortungsvollen Einsatz von KI zu schaffen. Gleichzeitig unterstreicht sie die Dringlichkeit internationaler Kooperationen, um den Umgang mit KI zu harmonisieren und die Technologie im Einklang mit globalen Werten und Sicherheitsanforderungen voranzutreiben.

4.2.2 Herausforderungen bei der Regulierung einer globalen Technologie

Die Regulierung von Künstlicher Intelligenz (KI) stellt eine der größten Herausforderungen der modernen Technologiepolitik dar. Anders als frühere Innovationen kennt KI keine geografischen Grenzen: Sie wird oft in einem Land entwickelt, in einem anderen trainiert und weltweit eingesetzt. Diese grenzüberschreitende Natur macht es schwierig, klare rechtliche und ethische Rahmenbedingungen zu schaffen, die universell anwendbar sind. Dabei liegt die Herausforderung nicht nur in der technologischen Komplexität, sondern auch in den unterschiedlichen Prioritäten und Werten der beteiligten Länder und Akteure.

Ein zentraler Punkt ist die Frage nach der Verantwortlichkeit. In einer global vernetzten Welt ist es oft unklar, wer für potenzielle Schäden oder Fehlentscheidungen eines KI-Systems haftbar gemacht werden kann. Wenn ein Algorithmus in den USA programmiert, in Europa trainiert und in Asien implementiert wird, entsteht ein regulatorisches Vakuum. Wer trägt die Verantwortung, wenn das System fehlerhafte Entscheidungen trifft? Diese Unsicherheit erschwert die Entwicklung klarer Regulierungsansätze und birgt das Risiko, dass wichtige Fragen der Haftung und Rechenschaftspflicht ungelöst bleiben.

Hinzu kommt, dass verschiedene Länder unterschiedliche Prioritäten bei der Regulierung setzen. Während Europa mit seinen strengen Datenschutzbestimmungen und der geplanten KI-Verordnung (AI Act) darauf abzielt, ethische Leitplanken und Transparenzstandards zu schaffen, fokussieren die USA stärker auf Innovation und Wettbewerbsfähigkeit. China hingegen verfolgt einen stark staatlich kontrollierten Ansatz, der sowohl wirtschaftliche Interessen als auch Überwachungszwecke bedient. Diese divergierenden Ansätze führen nicht nur zu einem regulatorischen Flickenteppich, sondern auch zu einem potenziellen Wettbewerbsnachteil für Länder, die strengere Regeln einführen. Unternehmen könnten sich entscheiden, ihre Innovationen in Regionen mit lockereren Vorschriften zu entwickeln oder einzusetzen, was den Druck auf einheitliche globale Standards weiter erhöht.

Ein weiteres Problem ist die technologische Geschwindigkeit, mit der KI-Systeme weiterentwickelt werden. Regulierungen hinken oft hinterher, da sie zeitaufwändige Abstimmungen und rechtliche Prozesse erfordern. In der Zwischenzeit können Technologien in großem Umfang eingesetzt werden, bevor Risiken vollständig verstanden oder eingedämmt sind. Diese Diskrepanz zwischen technologischem Fortschritt und gesetzlichem Handlungsrahmen schafft ein erhebliches Risiko, dass schädliche oder unethische Anwendungen weit verbreitet werden, bevor geeignete Kontrollmechanismen greifen.

Auch die Vielfalt der Anwendungen von KI erschwert eine einheitliche Regulierung. Die Anforderungen an ein KI-System, das in der Gesundheitsversorgung eingesetzt wird, unterscheiden sich erheblich von denjenigen, die für eine Empfehlungstechnologie im E-Commerce erforderlich sind. Eine allgemeingültige Regelung könnte zu starr sein, um die Besonderheiten einzelner Branchen zu berücksichtigen, während spezialisierte Regelwerke die Gefahr bergen, die Komplexität weiter zu erhöhen und Inkonsistenzen zwischen verschiedenen Rechtsbereichen zu schaffen.

Ein oft übersehener Aspekt ist die Frage nach der ethischen Perspektive. Unterschiedliche Kulturen und Gesellschaften haben unterschiedliche Vorstellungen davon, was als fair, transparent oder ethisch vertretbar gilt. Während in Europa der Schutz der Privatsphäre und der Menschenrechte im Vordergrund steht, könnten in anderen Regionen wirtschaftliche Stabilität oder Sicherheit höhere Priorität haben. Diese Unterschiede erschweren die Schaffung internationaler Leitlinien, die sowohl den technologischen Anforderungen als auch den kulturellen Besonderheiten gerecht werden.

Die Regulierung einer globalen Technologie wie KI erfordert darüber hinaus eine intensive internationale Zusammenarbeit. Doch auch hier zeigen sich Herausforderungen. Es gibt bisher keinen einheitlichen internationalen Mechanismus, der den

Umgang mit KI koordiniert. Organisationen wie die Vereinten Nationen oder die OECD haben zwar Initiativen gestartet, doch mangelt es oft an Verbindlichkeit und der Bereitschaft der Staaten, nationale Interessen zugunsten globaler Standards zurückzustellen.

Letztlich zeigt sich, dass die Regulierung von KI eine Gratwanderung darstellt. Einerseits müssen Risiken wie Diskriminierung, Fehlnutzung und mangelnde Transparenz adressiert werden. Andererseits darf die Regulierung Innovation nicht so stark hemmen, dass potenzielle gesellschaftliche und wirtschaftliche Vorteile der Technologie verloren gehen. Dieser Balanceakt wird nur gelingen, wenn Länder, Unternehmen und internationale Organisationen eng zusammenarbeiten, um eine gemeinsame Basis für den verantwortungsvollen Einsatz von KI zu schaffen. Die Herausforderung liegt nicht nur in der Technologie selbst, sondern auch in der Art und Weise, wie wir sie global denken und gestalten.

4.2.3 Vorschläge für ethische Leitplanken und internationale Kooperation

Die rasante Entwicklung von Künstlicher Intelligenz (KI) bringt nicht nur technische und wirtschaftliche Chancen, sondern auch tiefgreifende ethische Herausforderungen mit sich. Um sicherzustellen, dass KI verantwortungsvoll genutzt wird, sind klare ethische Leitplanken notwendig, die die technologischen Möglichkeiten in Einklang mit den Grundwerten der Gesellschaft bringen. Gleichzeitig erfordert die globale Natur der Technologie eine enge internationale Zusammenarbeit, um sicherzustellen, dass KI nicht nur lokal, sondern weltweit sicher, fair und transparent eingesetzt wird.

Ein zentraler Ansatzpunkt für ethische Leitplanken ist die Festlegung grundlegender Prinzipien, die universell gelten sollten, unabhängig davon, wo KI entwickelt oder eingesetzt wird. Transparenz ist dabei ein Schlüsselwert: KI-

Systeme müssen nachvollziehbar sein, sodass Nutzer und Aufsichtsbehörden verstehen können, wie Entscheidungen getroffen werden. Dies ist besonders wichtig in kritischen Bereichen wie der Medizin oder dem Justizwesen, wo die Entscheidungsfindung von KI unmittelbare Auswirkungen auf das Leben von Menschen hat. Die Forderung nach „Explainable AI", also erklärbaren KI-Systemen, ist ein wesentlicher Bestandteil solcher ethischen Leitlinien.

Ein weiteres Prinzip ist die Fairness. KI darf keine Vorurteile oder Diskriminierung verstärken, sondern muss so gestaltet werden, dass sie alle Nutzer gleichbehandelt. Dies erfordert sorgfältige Tests und Validierungen, um sicherzustellen, dass Algorithmen nicht auf verzerrten Daten basieren, die bestimmte Gruppen benachteiligen könnten. Hier könnten Leitplanken festlegen, dass Unternehmen ihre KI-Systeme regelmäßig auf potenzielle Bias überprüfen und die Ergebnisse transparent machen müssen. Auch die Sicherheit spielt eine zentrale Rolle. KI-Systeme dürfen nicht zu einer Gefahr für Menschen werden, sei es durch technische Fehler oder böswilligen Missbrauch. Internationale Standards könnten festlegen, dass sicherheitskritische Anwendungen, wie autonome Fahrzeuge oder KI-gestützte Waffensysteme, strengen Prüfungen unterzogen werden müssen, bevor sie zugelassen werden.

Neben diesen ethischen Leitplanken ist die internationale Kooperation entscheidend, um eine Fragmentierung der KI-Regulierung zu vermeiden. Der globale Charakter von KI bedeutet, dass ein isolierter Ansatz einzelner Länder nicht ausreicht. Stattdessen müssen internationale Organisationen wie die Vereinten Nationen, die OECD oder die Europäische Union eine koordinierende Rolle übernehmen, um gemeinsame Standards zu entwickeln. Solche Standards könnten sich auf technische Aspekte wie Datensicherheit und Algorithmustransparenz konzentrieren, aber auch auf ethische Prinzipien, die den verantwortungsvollen Einsatz von KI fördern. Ein Beispiel für internationale Kooperation ist die

UNESCO, die 2021 eine Empfehlung für die Ethik von KI verabschiedet hat. Dieses Dokument bietet eine Grundlage für Länder, die ihre eigenen Regulierungen entwickeln möchten, und legt zentrale Prinzipien wie Datenschutz, Nachhaltigkeit und menschliche Kontrolle fest. Solche Ansätze zeigen, dass globale Standards möglich sind, wenn Länder bereit sind, zusammenzuarbeiten und ihre Interessen zugunsten gemeinsamer Werte auszubalancieren.

Ein weiteres Modell könnte die Schaffung eines „KI-Verhaltenskodex" sein, der von Unternehmen, Regierungen und Organisationen weltweit unterzeichnet wird. Dieser Kodex könnte ethische Verpflichtungen festlegen, wie den Verzicht auf den Einsatz von KI für Massenüberwachung oder die Entwicklung autonomer Waffensysteme. Solche freiwilligen Verpflichtungen könnten als Ergänzung zu gesetzlichen Regelungen dienen und eine Kultur der Verantwortung fördern. Die Herausforderung bei der Entwicklung ethischer Leitplanken und internationaler Kooperation liegt darin, ein Gleichgewicht zwischen Innovation und Regulierung zu finden. Zu strikte Vorgaben könnten die Weiterentwicklung von KI behindern, während ein Mangel an Leitlinien zu Missbrauch und unkontrollierten Risiken führen könnte. Hier ist ein Ansatz gefragt, der sowohl die Flexibilität für technologische Fortschritte als auch den Schutz grundlegender Werte gewährleistet.

Letztlich sind ethische Leitplanken und internationale Kooperation nicht nur ein Mittel, um KI sicherer und gerechter zu gestalten, sondern auch ein Weg, das Vertrauen in diese transformative Technologie zu stärken. In einer Welt, in der KI immer stärker in unser Leben eingreift, ist ein gemeinsames Verständnis von Verantwortung und Ethik der Schlüssel, um sicherzustellen, dass diese Technologie zum Wohle aller eingesetzt wird.

4.3 Die Rolle der Bildung

Die Bildung spielt eine entscheidende Rolle in der Gestaltung einer Zukunft, die von Künstlicher Intelligenz (KI) geprägt ist. Sie ist nicht nur ein Schlüssel, um Menschen auf die neuen Herausforderungen und Chancen der KI-Welt vorzubereiten, sondern auch ein Weg, gesellschaftliches Bewusstsein und Verantwortung im Umgang mit dieser Technologie zu fördern. Dieses Kapitel beleuchtet, warum die Vermittlung von KI-Kompetenzen für alle essenziell ist, welche Verantwortung Bildungseinrichtungen und Unternehmen dabei tragen und wie eine breite gesellschaftliche Aufklärung über die ethischen und technologischen Aspekte von KI gestaltet werden kann.

Ein zentraler Aspekt ist die Notwendigkeit, KI-Bildung für alle zugänglich zu machen. KI beeinflusst immer mehr Bereiche unseres Lebens, von der Arbeitswelt bis hin zu alltäglichen Entscheidungen. Um mit diesen Veränderungen Schritt halten zu können, müssen Menschen verstehen, wie KI funktioniert und welche Auswirkungen sie hat. Dies gilt nicht nur für Fachkräfte in technischen Berufen, sondern für alle Mitglieder der Gesellschaft. Eine breite Basis an Wissen über KI ist entscheidend, um die Technologie verantwortungsvoll zu nutzen und sich in einer zunehmend digitalisierten Welt zurechtzufinden.

Doch Bildung in der KI-Ära ist keine alleinige Aufgabe der Schulen oder Universitäten. Unternehmen und Arbeitgeber tragen eine ebenso große Verantwortung, ihre Mitarbeiter auf die neuen Anforderungen vorzubereiten. Der Wandel der Arbeitswelt durch Automatisierung und KI erfordert lebenslanges Lernen und Weiterbildung, um

Kompetenzen kontinuierlich zu erweitern. Gleichzeitig müssen Bildungseinrichtungen – von Grundschulen bis zu Hochschulen – ihre Lehrpläne anpassen, um nicht nur technisches Wissen zu vermitteln, sondern auch die kreativen und sozialen Fähigkeiten zu fördern, die Maschinen nicht ersetzen können.

Ein weiterer zentraler Punkt ist die gesellschaftliche Aufklärung über die ethischen und technologischen Implikationen von KI. Während technische Fähigkeiten wichtig sind, bleibt die Frage, wie KI verantwortungsvoll eingesetzt wird, ebenso entscheidend. Hier liegt eine besondere Verantwortung bei Bildungseinrichtungen und Organisationen, ethisches Bewusstsein zu schaffen und die Öffentlichkeit über Chancen und Risiken von KI zu informieren. Dies umfasst Themen wie Datenschutz, Fairness, Diskriminierung und die Auswirkungen von KI auf Arbeitsplätze und soziale Strukturen.

Dieses Kapitel zeigt, dass Bildung mehr ist als die Vermittlung von Fähigkeiten – sie ist der Schlüssel, um eine informierte, verantwortungsbewusste und handlungsfähige Gesellschaft zu schaffen. In einer Welt, in der KI immer mehr Entscheidungen beeinflusst, ist es unerlässlich, dass Bildung nicht nur Wissen vermittelt, sondern auch Orientierung bietet.

4.3.1 Warum KI-Bildung für alle wichtig ist

In einer Welt, die zunehmend von Künstlicher Intelligenz (KI) geprägt ist, wird Bildung zum zentralen Faktor, um Menschen auf die Herausforderungen und Möglichkeiten dieser Technologie vorzubereiten. KI ist längst kein abstraktes Konzept mehr, sondern ein integraler Bestandteil unseres täglichen Lebens – von personalisierten Online-Diensten über Sprachassistenten bis hin zu Algorithmen, die medizinische Diagnosen unterstützen. Doch während die Technologie immer tiefer in unser Leben eindringt, fehlt vielen Menschen das grundlegende Verständnis dafür, wie KI funktioniert, welche Chancen sie bietet und welche Risiken sie birgt.

Die Bedeutung von KI-Bildung geht über technisches

Wissen hinaus. Es geht darum, Menschen in die Lage zu versetzen, informierte Entscheidungen in einer zunehmend digitalen Welt zu treffen. Ob es darum geht, algorithmische Empfehlungen kritisch zu hinterfragen, die Auswirkungen von KI auf Arbeitsplätze zu verstehen oder ethische Fragen im Zusammenhang mit automatisierten Entscheidungen zu bewerten – ein grundlegendes Verständnis von KI ist heute für alle notwendig, nicht nur für Experten. Ohne dieses Wissen besteht die Gefahr, dass Menschen Entscheidungen und Entwicklungen ausgeliefert sind, die sie weder nachvollziehen noch beeinflussen können.

Besonders wichtig ist die Vermittlung von KI-Kenntnissen bereits in jungen Jahren. Schulen können eine Schlüsselrolle dabei spielen, grundlegende Konzepte wie Daten, Algorithmen und maschinelles Lernen auf altersgerechte Weise zu erklären. Doch die KI-Bildung sollte nicht bei technischen Grundlagen haltmachen. Auch die gesellschaftlichen und ethischen Implikationen der Technologie müssen thematisiert werden. Kinder und Jugendliche, die verstehen, wie KI funktioniert und welche Verantwortung mit ihrer Nutzung einhergeht, werden besser darauf vorbereitet sein, die Technologie in ihrem späteren Leben verantwortungsvoll einzusetzen.

Aber KI-Bildung ist nicht nur ein Thema für die jüngeren Generationen. Auch Erwachsene, die bereits im Berufsleben stehen, müssen die Möglichkeit erhalten, sich mit KI auseinanderzusetzen. Der technologische Wandel erfordert von Arbeitnehmern, dass sie sich kontinuierlich weiterbilden, um in einer sich verändernden Arbeitswelt relevant zu bleiben. Gleichzeitig hilft ein besseres Verständnis von KI dabei, Ängste und Vorurteile abzubauen. Viele Menschen befürchten, dass KI ihre Arbeitsplätze gefährden könnte, ohne die Chancen zu sehen, die diese Technologie für neue Berufsfelder und Arbeitsweisen bietet. Bildung kann hier Klarheit schaffen und den Übergang erleichtern.

Die Relevanz von KI-Bildung geht jedoch über den Einzelnen

hinaus. Eine Gesellschaft, in der die Mehrheit der Menschen grundlegendes Wissen über KI besitzt, kann besser auf die mit der Technologie verbundenen Herausforderungen reagieren. Informierte Bürger sind in der Lage, fundierte Entscheidungen zu treffen, sei es bei der Nutzung von KI-Diensten oder bei der Unterstützung politischer Maßnahmen zur Regulierung der Technologie. Dies stärkt nicht nur das Vertrauen in KI, sondern sorgt auch dafür, dass ihre Entwicklung und Anwendung im Einklang mit den Werten der Gesellschaft stehen.

Letztlich ist KI-Bildung der Schlüssel, um die Kluft zwischen technologischer Innovation und gesellschaftlicher Verantwortung zu überbrücken. Sie befähigt Menschen, nicht nur passive Nutzer von KI zu sein, sondern aktive Gestalter einer Zukunft, in der Technologie und menschliche Werte harmonisch miteinander verbunden sind. In einer Zeit, in der KI immer mehr Lebensbereiche beeinflusst, ist es keine Option, dieses Wissen wenigen Experten zu überlassen – es ist eine Notwendigkeit für alle.

4.3.2 Schulen, Universitäten und Unternehmen in der Verantwortung

Die Verantwortung für die Vermittlung von KI-Kompetenzen und den Aufbau eines grundlegenden Verständnisses für die Technologie liegt nicht bei einer einzigen Institution – sie ist eine gemeinschaftliche Aufgabe. Schulen, Universitäten und Unternehmen stehen in der Pflicht, gemeinsam daran zu arbeiten, Menschen auf die Herausforderungen und Chancen einer zunehmend KI-getriebenen Welt vorzubereiten. Nur durch ein enges Zusammenspiel dieser Akteure kann eine ganzheitliche Bildung entstehen, die sowohl technisches Wissen als auch ethische und gesellschaftliche Perspektiven umfasst.

Schulen haben dabei eine besondere Rolle, denn sie legen

den Grundstein für die Bildung junger Menschen. Bereits in der frühen Schulbildung sollten Schüler an die Grundlagen der Datenverarbeitung, Algorithmen und die Funktionsweise von KI herangeführt werden. Es geht nicht darum, sie zu Programmierern zu machen, sondern ein Verständnis dafür zu schaffen, wie KI-Systeme Entscheidungen treffen und welche Auswirkungen sie auf das Leben haben können. Neben den technischen Aspekten sollten Schulen auch Raum für kritische Diskussionen schaffen, in denen ethische Fragen und die gesellschaftliche Verantwortung im Umgang mit KI thematisiert werden. Dies hilft, ein Bewusstsein dafür zu entwickeln, wie die Technologie sinnvoll und verantwortungsvoll genutzt werden kann.

Universitäten spielen eine ebenso wichtige Rolle, insbesondere bei der Vermittlung tiefergehender Fachkenntnisse und der Ausbildung von Spezialisten. Studiengänge, die sich auf Datenwissenschaften, maschinelles Lernen oder KI-Entwicklung konzentrieren, sind essenziell, um die nächste Generation von Fachkräften hervorzubringen. Doch auch Studiengänge in Bereichen wie Geistes- und Sozialwissenschaften sollten KI in ihre Lehrpläne integrieren, um interdisziplinäre Perspektiven zu fördern. Denn die gesellschaftlichen Auswirkungen von KI betreffen nicht nur die Technologie selbst, sondern auch Recht, Ethik, Psychologie und andere Felder. Universitäten können hier Brücken schlagen, um eine umfassende Ausbildung zu ermöglichen.

Die Verantwortung der Unternehmen geht über die bloße Nutzung von KI hinaus. Sie müssen aktiv in die Weiterbildung ihrer Mitarbeiter investieren, um diese fit für die Veränderungen zu machen, die durch Automatisierung und KI entstehen. Viele Arbeitnehmer stehen vor der Herausforderung, sich in neuen Arbeitsumgebungen zurechtzufinden, in denen KI Aufgaben übernimmt oder Arbeitsabläufe verändert. Unternehmen können durch gezielte Schulungsprogramme sicherstellen, dass ihre Belegschaft die Technologie nicht nur versteht, sondern auch in der Lage ist, sie produktiv und sicher einzusetzen. Gleichzeitig tragen Unternehmen die Verantwortung, ethische Standards zu setzen und sicherzustellen, dass KI-Anwendungen, die sie entwickeln oder nutzen, den gesellschaftlichen Werten entsprechen.

Die Zusammenarbeit zwischen diesen Akteuren – Schulen, Universitäten und Unternehmen – ist entscheidend, um Bildung in der KI-Ära erfolgreich zu gestalten. Bildungsinstitutionen müssen sicherstellen, dass ihre Programme praxisnah sind und den Anforderungen der Arbeitswelt entsprechen. Unternehmen wiederum können durch Partnerschaften mit Schulen und Universitäten dazu beitragen, dass theoretisches Wissen durch praktische Anwendungen ergänzt wird. Diese Kooperationen schaffen nicht nur besser ausgebildete Fachkräfte, sondern fördern auch ein gemeinsames Verständnis für die Verantwortung, die mit der Nutzung von KI einhergeht.

Die Verantwortung von Schulen, Universitäten und Unternehmen endet nicht bei der Wissensvermittlung. Sie umfasst auch die Schaffung eines Umfelds, das Menschen dazu befähigt, kritisch und reflektiert mit KI umzugehen. In einer Welt, in der die Technologie immer größere Teile des Lebens bestimmt, ist es unerlässlich, dass Bildung nicht nur auf technische Fähigkeiten fokussiert, sondern auch die Werte vermittelt, die für einen verantwortungsvollen Umgang mit KI notwendig sind. Nur durch diese gemeinsame Anstrengung können wir sicherstellen, dass die Gesellschaft die Chancen von KI nicht nur nutzt, sondern sie auch aktiv mitgestaltet.

4.3.3 Aufklärung über Ethik und Technologie in der Gesellschaft

In einer Zeit, in der Künstliche Intelligenz (KI) immer stärker in den Alltag eingreift, ist die Aufklärung der Gesellschaft über ihre ethischen und technologischen Aspekte wichtiger denn je. KI-Systeme treffen Entscheidungen, die das Leben von Millionen Menschen beeinflussen können –

von personalisierten Empfehlungen in sozialen Netzwerken über automatisierte Kreditanträge bis hin zu diagnostischen Verfahren in der Medizin. Doch während die Technologie immer allgegenwärtiger wird, bleibt ihr Verständnis für viele Menschen nebulös. Genau hier setzt die Notwendigkeit an, die Gesellschaft nicht nur über die Funktionsweise, sondern auch über die ethischen Implikationen von KI zu informieren.

Die Aufklärung über KI ist kein reines Bildungsthema, sondern eine gesellschaftliche Aufgabe, die alle Ebenen des Lebens betrifft. Menschen müssen in die Lage versetzt werden, die Entscheidungen und Mechanismen von KI-Systemen kritisch zu hinterfragen. Dies ist besonders wichtig, da KI nicht neutral ist. Algorithmen sind geprägt von den Daten, mit denen sie trainiert werden, und diese Daten können Vorurteile und Ungleichheiten widerspiegeln. Ohne ein Bewusstsein für diese Zusammenhänge laufen wir Gefahr, Entscheidungen von KI blind zu akzeptieren, ohne ihre potenziellen Auswirkungen zu verstehen oder anzuzweifeln.

Ein zentraler Aspekt der Aufklärung ist die Vermittlung ethischer Fragestellungen. KI wirft grundlegende Fragen auf: Wie gehen wir mit Datenschutz um? Wer trägt die Verantwortung, wenn ein KI-System fehlerhafte Entscheidungen trifft? Und wie können wir sicherstellen, dass die Technologie fair und diskriminierungsfrei bleibt? Diese Themen betreffen nicht nur Entwickler oder Unternehmen, sondern die gesamte Gesellschaft. Jeder, der KI nutzt oder von ihren Entscheidungen betroffen ist, sollte ein Grundverständnis davon haben, welche ethischen Dilemmata mit der Technologie einhergehen.

Besonders wichtig ist die Transparenz. Menschen müssen wissen, wann und wie KI eingesetzt wird. Dies betrifft alltägliche Situationen wie die Empfehlung eines Produkts in einem Online-Shop genauso wie komplexe Entscheidungen, etwa die Vergabe eines Kredits. Wenn Nutzer verstehen, dass hinter diesen Prozessen KI steht, können sie sich bewusst mit deren Auswirkungen auseinandersetzen. Transparenz ist auch ein Schlüssel, um das Vertrauen in KI-Systeme zu stärken. Wenn Menschen nachvollziehen können, wie Entscheidungen zustande kommen, wird die Technologie weniger als bedrohlich empfunden.

Die Aufklärung über KI sollte jedoch nicht nur auf individueller Ebene erfolgen. Sie muss auch in der öffentlichen Diskussion präsent sein. Medien, Bildungseinrichtungen und zivilgesellschaftliche Organisationen spielen eine zentrale Rolle dabei, die Debatte über KI anzustoßen und zu gestalten. Öffentliche Kampagnen, Workshops und leicht zugängliche Informationen können helfen, die gesellschaftliche Auseinandersetzung mit der Technologie zu fördern. Gleichzeitig sollten ethische Leitlinien und politische Maßnahmen in verständlicher Sprache vermittelt werden, damit alle Bürger die Möglichkeit haben, sich aktiv an der Gestaltung der KI-Zukunft zu beteiligen.

Ein weiterer wichtiger Schritt ist die Förderung von Partizipation. Die Gesellschaft sollte nicht nur passiv informiert werden, sondern aktiv in die Diskussion über die Entwicklung und Nutzung von KI eingebunden sein. Dies bedeutet, dass Menschen die Möglichkeit haben sollten, ihre Meinungen und Bedenken zu äußern und so Einfluss auf die Regulierung und Anwendung der Technologie zu nehmen. Eine solche partizipative Herangehensweise kann dazu beitragen, dass die Entwicklung von KI besser mit den Werten und Bedürfnissen der Gesellschaft in Einklang gebracht wird.

Letztlich ist die Aufklärung über Ethik und Technologie nicht nur eine Frage des Wissens, sondern auch eine Frage der Verantwortung. In einer Welt, die zunehmend von KI geprägt wird, ist es unerlässlich, dass die Gesellschaft die Technologie nicht nur versteht, sondern auch ihre eigenen Werte und ethischen Vorstellungen aktiv in deren Nutzung einbringt. Nur so kann KI zu einem Werkzeug werden, das nicht nur effizient, sondern auch gerecht und verantwortungsvoll eingesetzt wird.

Die Bildung ist der Schlüssel, um die Chancen und Herausforderungen der Künstlichen Intelligenz (KI) aktiv zu gestalten. Sie ist weit mehr als nur die Vermittlung technischer Fähigkeiten – sie ist der zentrale Faktor, um Menschen zu befähigen, in einer KI-geprägten Welt Verantwortung zu übernehmen, kritisch zu hinterfragen und die Technologie im Einklang mit menschlichen Werten zu nutzen. Ob es darum geht, Schüler frühzeitig mit den Grundlagen von KI vertraut zu machen, Universitäten auf interdisziplinäre Ausbildung zu setzen oder Unternehmen ihre Mitarbeiter für die digitale Transformation fit zu machen – die Bildung ist der gemeinsame Nenner, der die Gesellschaft auf diese tiefgreifende Veränderung vorbereitet.

Gleichzeitig ist Bildung auch ein Werkzeug zur gesellschaftlichen Emanzipation. Sie ermöglicht es, Vorurteile und Ängste abzubauen, indem sie Wissen schafft und Zusammenhänge erklärt. Nur eine informierte Gesellschaft kann die Potenziale von KI vollständig nutzen, ohne den Blick für die Risiken zu verlieren. Die ethische Aufklärung ist dabei genauso wichtig wie das technische Verständnis, denn sie schafft ein Bewusstsein dafür, dass Technologie immer im Dienst der Menschen stehen muss – nicht umgekehrt.

Die Verantwortung für diese Bildungsaufgabe liegt nicht nur bei den Schulen, Universitäten und Unternehmen, sondern bei der gesamten Gesellschaft. Sie muss sicherstellen, dass der Zugang zu Wissen über KI und ihre Auswirkungen allen offensteht. Nur so können wir verhindern, dass die technologische Entwicklung zu einer weiteren Spaltung führt, und stattdessen eine Zukunft schaffen, in der alle Menschen an den Fortschritten teilhaben können.

Die Rolle der Bildung endet nicht bei der Vermittlung von Wissen. Sie ist der Ausgangspunkt für eine neue Art des gesellschaftlichen Engagements, in dem Menschen nicht nur passive Nutzer von KI sind, sondern aktive Gestalter einer

Technologie, die ihr Leben verändert. Bildung gibt uns die Werkzeuge an die Hand, um mit KI nicht nur mitzuhalten, sondern sie zu lenken – im Sinne einer fairen, gerechten und nachhaltigen Zukunft.

5 Blick in die Zukunft

Das letzte Kapitel des Buches wirft einen visionären Blick in die Zukunft und fragt, wie die Beziehung zwischen Mensch und Künstlicher Intelligenz (KI) in den kommenden Jahren gestaltet werden kann. Dabei geht es nicht nur um technologische Fortschritte, sondern vor allem um die ethischen, gesellschaftlichen und philosophischen Implikationen, die mit einer immer engeren Verbindung von Mensch und Maschine einhergehen. Die Zukunft der KI wird nicht allein durch ihre Fähigkeiten definiert, sondern durch die Art und Weise, wie wir als Gesellschaft mit diesen Fähigkeiten umgehen.

Ein zentraler Aspekt ist die zunehmende Verschmelzung von Mensch und KI. Die Möglichkeiten, die sich durch diese Integration eröffnen, reichen von verbesserten Gesundheitslösungen über die Erweiterung kognitiver Fähigkeiten bis hin zu neuen Formen der Zusammenarbeit zwischen Mensch und Maschine. Doch wo Möglichkeiten entstehen, treten auch Grenzen auf. Wie weit sollte diese Verschmelzung gehen, und welche Rolle spielen dabei ethische Überlegungen? Die Auseinandersetzung mit dem Transhumanismus – der Idee, den Menschen durch Technologie zu „verbessern" – wirft Fragen auf, die weit über die Technik hinausgehen. Welche Risiken entstehen, wenn Technologien wie KI und Biotechnologie das Menschsein selbst infrage stellen?

In diesem Kontext werden Szenarien für eine koexistente Zukunft skizziert, in der Mensch und KI partnerschaftlich zusammenarbeiten. Die Vision ist eine Welt, in der Maschinen nicht die Kontrolle übernehmen, sondern den Menschen in seiner Entscheidungsfindung, Kreativität und Empathie unterstützen. Dabei wird diskutiert, wie eine Balance zwischen technologischer Effizienz und menschlicher Freiheit erreicht werden kann.

Das zweite große Thema des Kapitels widmet sich einer Vision für eine verantwortungsvolle KI. Wie kann eine Welt aussehen, in der KI sicher, ethisch und im Sinne der gesamten Gesellschaft validiert wird? Diese Vision umfasst nicht nur technische Anforderungen, sondern auch die Rolle zentraler Akteure wie Politik, Wirtschaft und Zivilgesellschaft. Die Gestaltung dieser Zukunft erfordert eine enge Zusammenarbeit, um Standards zu setzen, die sowohl Innovation als auch Sicherheit gewährleisten.

Abschließend wird ein Appell an unsere gemeinsame Verantwortung formuliert. Die Zukunft der KI liegt nicht nur in den Händen von Entwicklern oder Regierungen, sondern erfordert ein Bewusstsein und Engagement von uns allen. Das Kapitel fordert dazu auf, die Chancen der Technologie zu nutzen, ohne ihre Risiken zu ignorieren, und betont die Rolle jedes Einzelnen bei der Gestaltung einer Welt, in der Mensch und KI harmonisch koexistieren können. Es ist ein Aufruf, mutig, kritisch und verantwortungsbewusst in die Zukunft zu blicken.

5.1 Der Mensch und die Maschine

5.1.1 Verschmelzung von Mensch und KI: Möglichkeiten und Grenzen

Die Verschmelzung von Mensch und Künstlicher Intelligenz (KI) ist nicht mehr nur Stoff aus Science-Fiction-

Romanen, sondern eine greifbare Realität, die immer mehr Einzug in unseren Alltag hält. Die Möglichkeiten, die sich durch diese Symbiose ergeben, sind faszinierend und vielfältig. Gleichzeitig werfen sie tiefgreifende Fragen auf, die technische, ethische und gesellschaftliche Dimensionen betreffen. Die fortschreitende Integration von KI in den menschlichen Körper und Geist eröffnet Chancen, die das Leben radikal verbessern können, aber auch Risiken, die sorgfältig abgewogen werden müssen.

Ein Paradebeispiel für die Verschmelzung von Mensch und KI sind **neuronale Implantate**, wie sie von Unternehmen wie Neuralink entwickelt werden. Diese Technologien ermöglichen es, das menschliche Gehirn direkt mit Computern zu verbinden.

Ziel ist es, Menschen mit neurologischen Erkrankungen wie Parkinson oder Epilepsie zu helfen, indem neuronale Aktivitäten überwacht und gesteuert werden. Zukünftige Versionen solcher Implantate könnten jedoch weit über medizinische Anwendungen hinausgehen, etwa indem sie es Menschen ermöglichen, Informationen direkt aus digitalen Quellen wie der Cloud abzurufen oder komplexe Berechnungen in Sekundenschnelle durchzuführen.

Auch im Bereich der **Prothetik** zeigt sich das Potenzial der Verschmelzung von Mensch und KI. Moderne KI-gesteuerte Prothesen wie die bebionic-Hand ermöglichen es Amputierten, feinmotorische Bewegungen auszuführen, die zuvor undenkbar waren. Diese Prothesen „lernen" durch KI-Algorithmen die Bewegungsmuster des Trägers und passen sich an seine individuellen Bedürfnisse an. Dadurch verschwimmt die Grenze zwischen biologischem Körper und Maschine immer mehr.

Ein weiteres Beispiel sind **Wearables** wie KI-gestützte Fitness- und Gesundheitsgeräte. Produkte wie Smartwatches oder KI-gestützte Sensoren können Vitaldaten wie Herzfrequenz, Blutzucker oder Sauerstoffsättigung in Echtzeit analysieren und den Träger frühzeitig vor Gesundheitsrisiken warnen. Diese Geräte können mit medizinischen KI-Systemen verbunden werden, um detaillierte Diagnosen zu erstellen oder präventive

Maßnahmen vorzuschlagen. Solche Technologien haben das Potenzial, die medizinische Versorgung zu revolutionieren und Menschen eine bessere Kontrolle über ihre Gesundheit zu geben.

Ein visionäres Konzept, das in der Forschung diskutiert wird, ist der **Brain-Cloud-Interface**, eine hypothetische Technologie, bei der das menschliche Gehirn direkt mit einer KI-gesteuerten Cloud verbunden wird. Menschen könnten dadurch nicht nur auf riesige Wissensdatenbanken zugreifen, sondern auch ihre Denkleistung durch KI-gestützte Analysen erweitern. So könnte etwa ein Wissenschaftler komplexe Datenmengen in Echtzeit durchdenken oder ein Künstler auf eine unbegrenzte Quelle kreativer Inspiration zugreifen.

So faszinierend diese Möglichkeiten auch sind, so deutlich sind die Grenzen und Risiken, die mit der Verschmelzung von Mensch und KI einhergehen. Ein zentrales Problem ist die Frage nach der **Kontrolle**. Wer entscheidet über die Nutzung und Ausrichtung solcher Technologien? Wenn neuronale Implantate oder KI-gestützte Geräte manipuliert werden können, könnte dies nicht nur die Privatsphäre, sondern auch die Autonomie des Menschen gefährden. Ein Hackerangriff auf ein neuronales Interface könnte potenziell die Gedanken und Handlungen eines Individuums beeinflussen – ein Szenario, das tiefgreifende ethische Fragen aufwirft.

Auch die **Verfügbarkeit und soziale Gerechtigkeit** sind kritische Punkte. Technologien wie KI-gesteuerte Prothesen oder Brain-Computer-Interfaces sind derzeit extrem kostspielig und oft nur wohlhabenden Menschen zugänglich. Diese Ungleichheit könnte zu einer Zwei-Klassen-Gesellschaft führen, in der eine kleine Elite von den erweiterten Fähigkeiten der Technologie profitiert, während der Großteil der Bevölkerung ausgeschlossen bleibt. Eine solche Spaltung könnte bestehende soziale Ungleichheiten weiter verschärfen.

Die **ethische Dimension** der Verschmelzung von Mensch und KI betrifft auch die Definition dessen, was es bedeutet, ein Mensch zu sein. Wenn technologische Erweiterungen es ermöglichen, menschliche Fähigkeiten weit über die biologischen Grenzen hinaus zu verbessern, entstehen Fragen: Wird es in Zukunft „verbesserte" und „normale" Menschen geben? Und wie werden Gesellschaften mit dieser potenziellen Trennung umgehen? Diese Fragen betreffen nicht nur die Technologie selbst, sondern unser Selbstverständnis als Individuen und als Gemeinschaft.

Neben den ethischen und sozialen Fragen gibt es auch technische Grenzen. Die Entwicklung zuverlässiger neuronaler Interfaces oder KI-gesteuerter Prothesen erfordert extrem präzise Technologie, die nicht nur teuer, sondern auch anfällig für Fehler ist. Geräte, die im Körper oder Gehirn eingesetzt werden, müssen sicher und zuverlässig sein, da selbst kleine Fehlfunktionen erhebliche Folgen haben können. Die Langlebigkeit solcher Geräte und die Frage, wie sie gewartet oder ausgetauscht werden können, sind weitere Herausforderungen.

Darüber hinaus gibt es Grenzen in der **Datenverarbeitung und Sicherheit**. Wearables und neuronale Interfaces sammeln enorme Mengen an sensiblen Daten. Der Schutz dieser Daten vor Missbrauch oder unbefugtem Zugriff ist von entscheidender Bedeutung. Die Vorstellung, dass persönliche Gesundheits- oder Denkdaten in falsche Hände geraten könnten, ist ein massives Risiko, das gelöst werden muss, bevor solche Technologien flächendeckend eingesetzt werden können.

Die Verschmelzung von Mensch und KI bietet enorme Potenziale, um körperliche und kognitive Grenzen zu überwinden und das Leben zu verbessern. Doch sie bringt auch erhebliche Herausforderungen mit sich, die nicht ignoriert werden können. Der Schlüssel liegt darin, diese Technologien verantwortungsvoll zu entwickeln und einzusetzen, wobei die Kontrolle beim Menschen bleibt. Die Grenzen der Technologie und die ethischen Fragen, die sie aufwirft, müssen sorgfältig abgewogen werden, um sicherzustellen, dass der Fortschritt nicht auf Kosten von Freiheit, Gerechtigkeit und Menschlichkeit geht. Die Symbiose von Mensch und Maschine sollte eine

Partnerschaft sein – eine, die die Fähigkeiten des Menschen erweitert, ohne seine Identität oder Würde zu gefährden.

5.1.2 Transhumanismus und die ethischen Fragen des „verbesserten" Menschen

Die Idee des Transhumanismus, die darauf abzielt, die biologischen Grenzen des Menschen durch Technologie zu erweitern, hat in den letzten Jahren erheblich an Aufmerksamkeit gewonnen. Künstliche Intelligenz (KI), Biotechnologie und neuronale Schnittstellen sind nicht länger bloße theoretische Konzepte, sondern entwickeln sich zu konkreten Möglichkeiten, das menschliche Leben auf eine Weise zu transformieren, die noch vor wenigen Jahrzehnten unvorstellbar war. Doch mit diesen Fortschritten entstehen tiefgreifende ethische Fragen: Was bedeutet es, ein „verbesserter" Mensch zu sein, und wie wirkt sich diese Entwicklung auf unsere Gesellschaft, unsere Werte und unser Verständnis von Menschlichkeit aus?

Transhumanistische Ansätze verfolgen das Ziel, menschliche Fähigkeiten durch Technologie zu optimieren. Hierzu zählen neuronale Implantate, die das Denken beschleunigen oder das Gedächtnis erweitern, ebenso wie genetische Eingriffe, die Krankheiten eliminieren oder körperliche und kognitive Leistungsfähigkeit steigern sollen. Unterstützt durch KI könnten solche Technologien den Menschen nicht nur widerstandsfähiger gegenüber Krankheiten und Alterung machen, sondern auch seine Intelligenz, Kreativität und sogar emotionale Kapazität auf ein völlig neues Niveau heben. Für viele Verfechter des Transhumanismus ist dies eine logische Fortsetzung des menschlichen Strebens nach Fortschritt und Verbesserung.

Doch diese Entwicklung wirft auch grundlegende ethische Fragen auf. Eine der zentralen Herausforderungen liegt in der Frage nach Gerechtigkeit und Zugang. Wenn solche Technologien verfügbar werden, wer wird sie nutzen können?

Werden sie nur einer wohlhabenden Elite vorbehalten sein, während große Teile der Gesellschaft ausgeschlossen bleiben? Diese Ungleichheit könnte zu einer „technologischen Kluft" führen, die bestehende soziale und wirtschaftliche Ungleichheiten noch verstärkt. In einer Welt, in der „verbesserte" Menschen durch Technologie privilegiert sind, könnten soziale Spannungen und Diskriminierung neue Dimensionen annehmen.

Darüber hinaus stellt sich die Frage nach der Identität und dem Selbstverständnis des Menschen. Was bedeutet es, ein Mensch zu sein, wenn Technologie unsere Fähigkeiten und unsere Lebensweise grundlegend verändert? Werden wir uns selbst noch als Menschen betrachten, wenn Maschinen und Algorithmen zu einem integralen Bestandteil unserer Biologie werden? Transhumanistische Konzepte fordern uns heraus, unsere traditionellen Vorstellungen von Individualität, Autonomie und natürlicher Existenz neu zu überdenken. Sie werfen die Frage auf, ob es eine Grenze geben sollte, wie weit der Mensch durch Technologie verändert werden darf – und wer das Recht hat, diese Grenze zu definieren.

Ein weiteres ethisches Dilemma betrifft die Auswirkungen solcher Technologien auf die gesellschaftliche Vielfalt. Menschliche Unterschiede – körperliche, kognitive oder kulturelle – sind ein grundlegender Bestandteil unserer Identität und unseres Miteinanders. Wenn Technologien es ermöglichen, bestimmte Merkmale zu „optimieren", besteht die Gefahr, dass Vielfalt reduziert wird, zugunsten eines technologisch bestimmten Ideals. Ein solches Streben nach Perfektion könnte nicht nur die individuelle Freiheit einschränken, sondern auch die Vielfalt der menschlichen Erfahrung und Kreativität gefährden.

Technologische „Verbesserungen" werfen zudem Fragen der Verantwortung auf. Wenn ein Mensch durch neuronale Schnittstellen oder KI-gestützte Systeme in seinen Entscheidungen beeinflusst wird, bleibt er dann vollständig autonom? Oder verschiebt sich die Verantwortung für Handlungen teilweise auf die Technologie? Diese Frage wird besonders relevant, wenn es um Fehlfunktionen oder Manipulation solcher Systeme geht.

Schließlich gibt es auch philosophische Einwände gegen den Transhumanismus. Kritiker argumentieren, dass der Versuch, den Menschen durch Technologie zu „verbessern", letztlich seine Menschlichkeit bedrohen könnte. Empfindungen wie Empathie, Zweifel oder die Fähigkeit, aus Fehlern zu lernen, sind integrale Bestandteile des Menschseins. Wenn diese Aspekte durch technologische Perfektion ersetzt werden, könnte dies dazu führen, dass wir nicht mehr „besser", sondern schlicht „anders" werden – und dabei möglicherweise etwas verlieren, das uns als Menschen ausmacht.

Der Transhumanismus ist sowohl eine faszinierende als auch eine kontroverse Vision. Er fordert uns heraus, über unsere Rolle als Menschen, unsere Werte und die Zukunft unserer Gesellschaft nachzudenken. Während die Möglichkeiten beeindruckend sind, liegt die wahre Herausforderung darin, klare ethische Leitplanken zu setzen, die sicherstellen, dass technologische Fortschritte im Dienste des Menschen stehen und nicht zu seiner Entfremdung oder Spaltung führen. Die Frage, wie weit wir gehen sollten, bleibt offen – und ihre Antwort wird die Grundlage für die Gestaltung der Zukunft sein.

5.1.3 Szenarien für eine koexistente Zukunft

Die Vorstellung einer koexistenten Zukunft, in der Mensch und Künstliche Intelligenz (KI) harmonisch zusammenleben und zusammenarbeiten, ist gleichermaßen faszinierend wie herausfordernd. Solche Szenarien erfordern nicht nur technologische Fortschritte, sondern auch ein tiefes Verständnis für die Rolle, die KI in der menschlichen Gesellschaft einnehmen sollte. Der Schlüssel zu dieser Koexistenz liegt darin, eine Balance zwischen menschlicher Autonomie und maschineller Unterstützung zu finden, wobei die Technologie nicht als Ersatz, sondern als Ergänzung zum Menschen dient.

Ein mögliches Szenario für eine koexistente Zukunft zeigt sich in der Arbeitswelt. In vielen Branchen könnten KI-Systeme und Menschen eng zusammenarbeiten, um Produktivität und Innovation zu steigern. Während Maschinen sich auf analytische und repetitive Aufgaben konzentrieren, könnten Menschen ihre einzigartigen Fähigkeiten wie Kreativität, Empathie und kritisches Denken einbringen. In der Gesundheitsbranche könnten beispielsweise KI-Systeme Ärzte durch präzise Diagnosen und Datenanalysen unterstützen, während die menschlichen Fachkräfte die emotionale und ethische Dimension der Behandlung beisteuern. Diese Synergie könnte zu besseren Ergebnissen führen, ohne den Menschen aus dem Entscheidungsprozess zu verdrängen.

Ein weiteres Szenario betrifft die persönliche Lebenswelt. KI könnte genutzt werden, um alltägliche Herausforderungen zu bewältigen und das Leben komfortabler zu gestalten, ohne die Kontrolle vollständig abzugeben. Smarte Assistenten, die individuelle Bedürfnisse verstehen, könnten Aufgaben wie Terminplanung, Einkaufsorganisation oder Gesundheitsmanagement übernehmen, während die endgültigen Entscheidungen beim Menschen bleiben. Diese Interaktion würde den Menschen entlasten und ihm ermöglichen, sich auf die Dinge zu konzentrieren, die wirklich wichtig sind – von zwischenmenschlichen Beziehungen bis hin zu kreativen Projekten.

Ein besonders spannendes Szenario für die Koexistenz von Mensch und KI liegt in der Bildung. KI-gestützte Lernsysteme könnten personalisierte Bildungsangebote schaffen, die sich an den individuellen Bedürfnissen jedes Lernenden orientieren. Schüler könnten in ihrem eigenen Tempo lernen, während Lehrer sich stärker auf die Förderung von Kreativität und sozialen Kompetenzen konzentrieren könnten. Diese Art der Zusammenarbeit könnte nicht nur den Zugang zu Bildung verbessern, sondern auch die Qualität und Effektivität des Lernens revolutionieren.

Trotz dieser positiven Visionen bleibt die Frage, wie eine solche Koexistenz gestaltet werden kann, ohne dass der Mensch seine Autonomie oder Identität verliert. Eine koexistente Zukunft setzt klare ethische Leitplanken und transparente Technologien voraus. Die Menschen müssen verstehen, wie KI funktioniert, welche Entscheidungen sie beeinflusst und wo ihre Grenzen liegen. Nur durch Transparenz und Verantwortlichkeit kann das Vertrauen in die Technologie gestärkt und eine harmonische Zusammenarbeit ermöglicht werden.

Ein weiteres zentrales Element für eine erfolgreiche Koexistenz ist die gerechte Verteilung der Vorteile von KI. Es ist entscheidend, dass der Zugang zu KI-Systemen und deren Nutzen nicht nur einer privilegierten Gruppe vorbehalten bleibt. Bildung, politische Maßnahmen und internationale Zusammenarbeit spielen eine zentrale Rolle, um sicherzustellen, dass alle Menschen von den Fortschritten der Technologie profitieren können, unabhängig von ihrem sozialen oder wirtschaftlichen Hintergrund.

Die Vision einer koexistenten Zukunft ist keine statische Utopie, sondern ein dynamischer Prozess, der kontinuierliche Anpassung und Innovation erfordert. Sie lädt dazu ein, die Möglichkeiten der Technologie zu nutzen, um menschliches Potenzial zu entfalten, ohne dabei die Grundwerte unserer Gesellschaft zu kompromittieren. In diesem Prozess wird sich zeigen, dass Mensch und Maschine nicht nur nebeneinander existieren können, sondern gemeinsam eine Welt gestalten, die effizienter, gerechter und menschlicher ist.

5.2   Eine Vision für eine verantwortungsvolle KI

In einer Welt, die zunehmend von Künstlicher Intelligenz (KI) geprägt ist, braucht es eine klare Vision, um sicherzustellen, dass diese transformative Technologie verantwortungsvoll eingesetzt wird. Dieses Kapitel skizziert eine Zukunft, in der KI nicht nur sicher und effizient arbeitet, sondern auch ethische und gesellschaftliche Werte respektiert. Dabei wird deutlich, dass eine verantwortungsvolle KI nicht nur technische Lösungen, sondern auch eine enge Zusammenarbeit zwischen Politik, Wirtschaft und Zivilgesellschaft erfordert.

Zunächst wird ein Bild davon gezeichnet, wie eine Welt mit sicherer, ethischer und validierter KI aussehen könnte. In dieser Zukunft dient KI als Werkzeug, das menschliches Leben verbessert, ohne dabei die Autonomie des Einzelnen oder grundlegende Rechte zu gefährden. Durch strenge Validierungsprozesse und transparente Algorithmen wird das Vertrauen in KI gestärkt. Gleichzeitig werden ethische Prinzipien wie Fairness, Datenschutz und Nachvollziehbarkeit zum Kern der Entwicklung und Anwendung von KI-Systemen gemacht. Eine solche Welt ist nicht nur technologische Utopie, sondern das Ergebnis bewusster Gestaltung und klarer Leitlinien.

Diese Vision kann jedoch nur durch das Zusammenspiel verschiedener Akteure realisiert werden. Die Rolle von Politik, Wirtschaft und Zivilgesellschaft ist entscheidend, um den verantwortungsvollen Umgang mit KI zu gewährleisten. Regierungen müssen regulatorische Rahmenbedingungen schaffen, die Innovation fördern, gleichzeitig aber Risiken minimieren. Unternehmen tragen die Verantwortung, ihre Produkte nach höchsten ethischen Standards zu entwickeln und ihre Auswirkungen sorgfältig zu prüfen. Gleichzeitig muss die Zivilgesellschaft als kritischer Beobachter und aktiver

Gestalter sicherstellen, dass die Technologie im Interesse der Menschen eingesetzt wird. Diese Zusammenarbeit erfordert einen offenen Dialog und eine kontinuierliche Reflexion über die Auswirkungen von KI.

Abschließend richtet das Kapitel einen Appell an unsere gemeinsame Verantwortung. Es unterstreicht, dass die Zukunft von KI nicht von der Technologie allein bestimmt wird, sondern von den Entscheidungen, die wir heute treffen. Die Verantwortung, KI sicher und ethisch zu gestalten, liegt nicht nur bei Entwicklern oder Regierungen, sondern bei jedem Einzelnen. Diese Vision lädt dazu ein, aktiv an der Gestaltung einer Welt mitzuwirken, in der KI nicht nur ein Instrument des Fortschritts ist, sondern auch ein Symbol für menschliche Werte und Verantwortung.,

Um eine Welt zu gestalten, in der Künstliche Intelligenz verantwortungsvoll eingesetzt wird, bedarf es einer klaren Vorstellung davon, wie Sicherheit, Ethik und Validierung in die Entwicklung und Anwendung von KI integriert werden können. Dieses Unterkapitel beleuchtet, welche Prinzipien und Maßnahmen notwendig sind, um sicherzustellen, dass KI-Systeme nicht nur technologisch robust, sondern auch gesellschaftlich akzeptabel und ethisch vertretbar sind. Es zeigt, wie durch Transparenz, Fairness und klare Standards eine KI-Welt entstehen kann, die das Vertrauen der Menschen gewinnt und langfristig ihre Lebensqualität verbessert.

5.2.1 Wie eine sichere, ethische und validierte KI-Welt aussehen könnte

Eine sichere, ethische und validierte KI-Welt ist keine bloße Vision, sondern ein Ziel, das durch gezielte Maßnahmen und klare Prinzipien erreicht werden kann. In dieser Zukunft ist Künstliche Intelligenz (KI) mehr als eine technologische Errungenschaft – sie wird zu einem Werkzeug, das das Leben der Menschen verbessert, ohne dabei ihre Autonomie, Würde oder grundlegenden Rechte zu gefährden. Um dies zu verwirklichen, müssen sowohl die Technologie selbst als auch die Art und Weise, wie sie entwickelt, implementiert und genutzt wird, sorgfältig gestaltet werden.

In einer solchen Welt beginnt Sicherheit mit der Robustheit der Technologie. KI-Systeme müssen zuverlässig funktionieren, selbst in unvorhersehbaren oder kritischen Situationen. Ob es sich um selbstfahrende Autos, medizinische Diagnosesysteme oder Algorithmen zur Kreditvergabe handelt – Fehler oder Manipulationen können gravierende Folgen haben. Daher sind strenge Test- und Validierungsprozesse unverzichtbar, um sicherzustellen, dass die Systeme nicht nur unter idealen Bedingungen, sondern auch in der Realität zuverlässig arbeiten. Eine validierte KI bedeutet, dass ihre Funktionalität umfassend geprüft und dokumentiert ist, sodass Nutzer und Aufsichtsbehörden Vertrauen in die Technologie gewinnen können.

Ethik ist ein weiteres zentrales Element dieser Zukunft. KI-Systeme dürfen nicht diskriminieren oder bestehende Ungleichheiten verstärken. Dies erfordert, dass die Algorithmen sorgfältig entwickelt und regelmäßig auf Vorurteile überprüft werden. Eine ethische KI ist transparent: Sie erklärt ihre Entscheidungen und gibt den Nutzern die Möglichkeit, diese zu hinterfragen oder zu korrigieren. Gleichzeitig müssen Menschen immer die Kontrolle behalten – „Human-in-the-Loop"-Ansätze stellen sicher, dass Maschinen den Menschen unterstützen, aber niemals vollständig ersetzen. Solche ethischen Grundsätze schaffen nicht nur Vertrauen, sondern garantieren, dass KI-Systeme im Einklang mit den Werten der Gesellschaft stehen.

Eine validierte KI-Welt erfordert außerdem klare Regeln und Verantwortlichkeiten. Entwickler und Unternehmen müssen sicherstellen, dass ihre Technologien verantwortungsvoll gestaltet sind. Das bedeutet nicht nur, Risiken zu minimieren, sondern auch die Auswirkungen der Systeme auf die Gesellschaft zu bedenken. Regulierungsbehörden spielen eine Schlüsselrolle, indem sie Standards setzen und deren Einhaltung überwachen. Doch diese Regeln dürfen Innovationen nicht ersticken – sie sollten flexibel genug sein, um technologische Fortschritte zu fördern, während sie gleichzeitig Missbrauch verhindern.

Ein praktisches Beispiel für diese Balance sind KI-Anwendungen in der Gesundheitsversorgung. In einer sicheren, ethischen und validierten KI-Welt könnten solche Systeme Ärzten präzise Diagnosen liefern, indem sie riesige Datenmengen analysieren, gleichzeitig aber den menschlichen Fachkräften die finale Entscheidung überlassen. Transparenz wäre hier entscheidend: Patienten müssten verstehen können, wie die Diagnosen zustande kommen, und die Möglichkeit haben, Zweifel oder Bedenken zu äußern. Diese Kombination aus technischer Präzision und menschlicher Verantwortung wäre ein Modell für den verantwortungsvollen Einsatz von KI.

Letztlich hängt die Verwirklichung einer solchen Welt von der Zusammenarbeit aller Beteiligten ab. Entwickler, Unternehmen, Regierungen und Bürger müssen gemeinsam daran arbeiten, KI sicher, fair und nachvollziehbar zu gestalten. Es ist ein kontinuierlicher Prozess, der nicht nur technologische Fortschritte erfordert, sondern auch ein gesellschaftliches Bewusstsein für die Verantwortung, die mit der Nutzung von KI einhergeht. In einer solchen Welt ist KI kein unkontrollierbarer Faktor, sondern ein Werkzeug, das im Dienst der Menschen steht – sicher, ethisch und stets nachvollziehbar.

5.2.2 Die Rolle von Politik, Wirtschaft und Zivilgesellschaft

In einer Zeit, in der Deutschland mit konjunkturellen Herausforderungen und Umbrüchen in nahezu allen Branchen zu kämpfen hat, steht die Gesellschaft vor der Aufgabe, technologische Innovationen wie Künstliche Intelligenz (KI) verantwortungsvoll zu gestalten. Die Rolle von Politik,

Wirtschaft und Zivilgesellschaft ist dabei entscheidend, um eine Balance zwischen technologischer Transformation, sozialen Auswirkungen und wirtschaftlicher Stabilität zu finden. Besonders in einer Phase, in der Unternehmen aufgrund wirtschaftlicher Unsicherheiten Arbeitsplätze abbauen, wächst die Bedeutung einer gemeinsamen Verantwortung, die Chancen der KI zu nutzen, ohne die gesellschaftliche Solidarität zu gefährden.

Die Politik trägt die Verantwortung, klare Rahmenbedingungen für den Einsatz von KI zu schaffen, die Innovation fördern, gleichzeitig aber soziale und ethische Standards gewährleisten. Es geht darum, ein Umfeld zu gestalten, das Unternehmen unterstützt, in KI zu investieren, ohne dabei den Schutz der Arbeitnehmer und den Erhalt von Arbeitsplätzen zu vernachlässigen. In einer Situation, in der viele Unternehmen gezwungen sind, Kosten zu senken und Arbeitskräfte abzubauen, könnte die Politik steuerliche Anreize oder Förderprogramme für die Umschulung und Weiterbildung von Arbeitnehmern schaffen, um deren Chancen in einer KI-getriebenen Arbeitswelt zu verbessern. Dabei müssen auch klare Regeln für den Einsatz von KI in der Arbeitswelt etabliert werden, um sicherzustellen, dass die Technologie die menschliche Arbeitskraft ergänzt und nicht vollständig ersetzt.

Die Wirtschaft wiederum steht vor der Herausforderung, KI nicht nur als Mittel zur Kostenoptimierung zu betrachten, sondern als Werkzeug, das langfristig Wert schafft – für Unternehmen und Gesellschaft gleichermaßen. Unternehmen, die derzeit mit Stellenabbau reagieren, könnten KI nutzen, um Effizienz zu steigern, aber auch neue Geschäftsfelder zu erschließen, die nachhaltige Arbeitsplätze schaffen. Verantwortungsbewusste Unternehmen sehen in der Technologie nicht nur eine Möglichkeit, Prozesse zu automatisieren, sondern auch ein Mittel, um Innovationen voranzutreiben und ihre Belegschaft mit neuen Fähigkeiten auszustatten. Es liegt an der Wirtschaft, KI so einzusetzen, dass sie nicht nur kurzfristige Vorteile bringt, sondern auch langfristige Perspektiven schafft, die den Menschen in den Mittelpunkt stellen.

Die Zivilgesellschaft spielt eine ebenso wichtige Rolle, indem sie als Wächter und Impulsgeber fungiert. In einer Phase wirtschaftlicher Unsicherheit wächst die Gefahr, dass KI blind als Lösung für strukturelle Probleme gesehen wird, ohne die langfristigen Konsequenzen zu berücksichtigen. Organisationen, Gewerkschaften und Bürgerinitiativen müssen sicherstellen, dass die Stimme der Gesellschaft in den Entscheidungsprozessen gehört wird. Sie tragen dazu bei, den Dialog zwischen Politik und Wirtschaft zu moderieren und darauf zu drängen, dass soziale Verantwortung und technologische Innovation Hand in Hand gehen. Gleichzeitig sollte die Zivilgesellschaft aktiv daran arbeiten, das Bewusstsein für die Auswirkungen von KI zu schärfen und sich für eine gerechte Verteilung der Vorteile dieser Technologie einsetzen.

Die aktuelle wirtschaftliche Lage in Deutschland verdeutlicht, wie schwierig es ist, technologische Transformation und soziale Stabilität miteinander zu vereinen. KI kann dabei helfen, die Wettbewerbsfähigkeit zu steigern und neue Möglichkeiten zu schaffen, doch diese Vorteile können nur realisiert werden, wenn Politik, Wirtschaft und Zivilgesellschaft ihre Rollen klar wahrnehmen und zusammenarbeiten. Es ist eine gemeinsame Verantwortung, sicherzustellen, dass KI nicht zu einem weiteren Faktor wird, der Ungleichheit und Unsicherheit verstärkt, sondern zu einem Werkzeug, das wirtschaftliche Chancen schafft und gesellschaftlichen Zusammenhalt fördert.

Diese Herausforderung ist nicht leicht zu bewältigen, doch sie bietet die Möglichkeit, KI als transformative Kraft zu nutzen – nicht nur für technologische Fortschritte, sondern auch für eine gerechte und nachhaltige Zukunft. Nur durch eine enge Zusammenarbeit dieser drei Akteure kann eine Vision für eine verantwortungsvolle KI Wirklichkeit werden.

5.2.3 Der Appell an unsere gemeinsame Verantwortung

Die Zukunft der Künstlichen Intelligenz (KI) liegt nicht allein in den Händen von Entwicklern, Regierungen oder Unternehmen – sie ist eine gemeinsame Verantwortung, die alle Bereiche der Gesellschaft betrifft. KI ist nicht nur eine Technologie, sondern ein Spiegel unserer Werte, Entscheidungen und Prioritäten. In einer Welt, in der KI immer stärker in unser Leben eingreift, müssen wir uns bewusst machen, dass ihre Auswirkungen davon abhängen, wie wir sie gestalten und nutzen. Der Umgang mit KI ist kein rein technologisches Thema, sondern eine ethische und gesellschaftliche Aufgabe, die uns alle betrifft.

Dieser Appell richtet sich an jeden Einzelnen: Wir alle tragen dazu bei, die Richtung vorzugeben, in die sich KI entwickeln soll. Es geht nicht nur darum, die Möglichkeiten dieser Technologie auszuschöpfen, sondern auch darum, sicherzustellen, dass sie im Einklang mit den Grundwerten der Menschheit steht. Vertrauen, Fairness und Transparenz müssen die Basis jeder KI-Anwendung bilden, und dies kann nur gelingen, wenn wir uns aktiv mit den ethischen und gesellschaftlichen Fragen auseinandersetzen, die KI aufwirft. Besonders wichtig ist es, klare Leitplanken zu schaffen, die verhindern, dass KI missbraucht wird – sei es durch die Verbreitung von Desinformationen, Diskriminierung oder Überwachung.

Die Verantwortung beginnt bei den Entwicklern, die die Technologie gestalten, und den Unternehmen, die sie nutzen. Doch sie endet nicht dort. Auch politische Entscheidungsträger, Bildungseinrichtungen und Bürger tragen die Verantwortung, diese Technologie kritisch zu hinterfragen und konstruktiv zu beeinflussen. Regierungen sind in der Pflicht, rechtliche Rahmenbedingungen zu schaffen, die Sicherheit und Ethik gewährleisten, ohne Innovation zu ersticken. Unternehmen müssen über wirtschaftliche Interessen hinausdenken und KI-Anwendungen entwickeln, die dem Gemeinwohl dienen.

Aber auch die Zivilgesellschaft muss aktiv werden – durch die Förderung von Bildung, die Unterstützung ethischer Diskussionen und die Einbindung aller Bevölkerungsgruppen in den Dialog über KI.

Eine der drängendsten Herausforderungen besteht darin, sicherzustellen, dass KI nicht zu einer weiteren Quelle sozialer Ungerechtigkeit wird. Die Automatisierung darf nicht dazu führen, dass Menschen ihre Arbeit verlieren, ohne neue Perspektiven zu erhalten. Bildung und Weiterbildung müssen gezielt gefördert werden, um Arbeitnehmer auf die Anforderungen einer KI-geprägten Welt vorzubereiten. Gleichzeitig muss sichergestellt werden, dass der Zugang zu KI-Technologien nicht nur einer privilegierten Minderheit vorbehalten bleibt. Der Appell an unsere Verantwortung schließt ein, die Vorteile der KI so zu verteilen, dass sie allen zugutekommen und niemand zurückgelassen wird.

Die Verantwortung für KI endet nicht bei nationalen Grenzen. KI ist eine globale Technologie, deren Auswirkungen weltweit spürbar sind. Deshalb bedarf es internationaler Zusammenarbeit, um Standards zu setzen, die ethische Prinzipien wie Datenschutz, Fairness und Transparenz weltweit fördern. Länder müssen nicht nur eigene Regelungen entwickeln, sondern auch Wege finden, ihre Ansätze miteinander abzustimmen. Globale Institutionen und Organisationen spielen hier eine entscheidende Rolle, um sicherzustellen, dass KI weltweit verantwortungsvoll eingesetzt wird.

Dieser Appell ist auch eine Einladung zur Zusammenarbeit. Keine einzelne Gruppe oder Institution kann allein die Verantwortung für KI tragen. Es braucht den Dialog zwischen Politik, Wirtschaft, Wissenschaft und Zivilgesellschaft, um sicherzustellen, dass die richtigen Fragen gestellt und die richtigen Entscheidungen getroffen werden. Auch Bürger und lokale Gemeinschaften müssen aktiv teilnehmen, sei es durch öffentliche Debatten, die Unterstützung von Initiativen zur ethischen KI oder durch die Förderung kritischen Denkens in Bildungseinrichtungen. Jeder hat die Möglichkeit, zu dieser Diskussion beizutragen – und sollte diese Verantwortung ernst nehmen.

Letztlich erinnert dieser Appell daran, dass KI zwar eine transformative Technologie ist, aber immer von menschlichen Entscheidungen geprägt wird. Es liegt an uns, sicherzustellen, dass diese Entscheidungen klug, verantwortungsvoll und im Sinne aller getroffen werden. Die Frage ist nicht, ob KI unsere Zukunft prägen wird – sie wird es zweifellos tun. Die eigentliche Frage lautet: Wie werden wir diese Zukunft gestalten? Und werden wir sicherstellen, dass sie eine ist, die uns als Menschheit stärkt, verbindet und weiterbringt? Die Antwort liegt in unserer gemeinsamen Verantwortung – heute mehr denn je.

6 Schluss: Ein Weckruf für die Menschheit

Die Reise durch die Welt der Künstlichen Intelligenz hat uns vor Augen geführt, dass wir an einem entscheidenden Scheideweg stehen. KI ist weder inhärent gut noch böse – sie ist ein Werkzeug, dessen Nutzen oder Schaden allein von uns abhängt. Doch wie wir dieses Werkzeug einsetzen, wird unsere Zukunft prägen und darüber entscheiden, ob es uns zu neuen Höhen führt oder uns vor unüberwindbare Herausforderungen stellt.

6.1 Zusammenfassung der Kernfragen

a) Wer trägt die Verantwortung?

Die Verantwortung für KI kann nicht delegiert werden. Entwickler, Unternehmen, Regierungen und Nutzer müssen gemeinsam daran arbeiten, klare Leitplanken zu schaffen, die die Sicherheit, Fairness und Nachvollziehbarkeit von KI garantieren. Der Mensch bleibt dabei die zentrale Instanz – als Entwickler, Aufseher und moralischer Kompass.

b) Wie schaffen wir Vertrauen?

Vertrauen ist die Grundlage für die Akzeptanz von KI. Dieses Vertrauen entsteht nur durch Transparenz und Nachvollziehbarkeit (Explainable AI). Black-Box-Modelle, die Entscheidungen treffen, ohne ihre Logik offenzulegen, gefährden diese Grundlage. Transparente Prozesse, menschliche Kontrolle (Human-in-the-Loop) und valide Standards sind unverzichtbar.

c) Wie umgehen mit Bias und Diskriminierung?

KI spiegelt die Welt wider, in der sie trainiert wurde, einschließlich ihrer Vorurteile. Die Bekämpfung von Bias erfordert kontinuierliche Datenprüfungen, algorithmische Korrekturen und ethische Überlegungen, um sicherzustellen, dass KI eine gerechtere Zukunft ermöglicht.

d) Wie schützen wir uns vor Sicherheitsrisiken?

Die Macht von KI bringt immense Risiken mit sich – von KI-verstärkten Cyberangriffen bis hin zu Desinformationskampagnen. Sicherheitsmaßnahmen dürfen kein nachträglicher Gedanke sein, sondern müssen von Anfang an in die Entwicklung und Nutzung von KI integriert werden.

e) Was bedeutet Ethik in einer KI-Welt?

Die ethische Dimension von KI bleibt eine zentrale Herausforderung. Maschinen selbst können keine Moral entwickeln, doch die Werte, die wir ihnen einfließen lassen, sind ein Spiegel unserer Gesellschaft. Es ist unsere Verantwortung, sicherzustellen, dass diese Werte Gerechtigkeit, Gleichheit und Menschlichkeit fördern.

6.2 Erweiterte Erkenntnisse

a) Die Notwendigkeit globaler Zusammenarbeit:

In einer Welt, in der KI keine Grenzen kennt, sind internationale Kooperationen unabdingbar. Globale Standards und gemeinsame ethische Leitlinien müssen sicherstellen, dass KI nicht zum Werkzeug nationaler Egoismen wird, sondern dem globalen Wohl dient.

b) **Bildung als Fundament:**

Bildung ist nicht nur der Schlüssel für eine informierte Gesellschaft, sondern auch für die Fähigkeit, KI kritisch zu hinterfragen und ethisch verantwortungsvoll zu nutzen. Schulen, Universitäten und Unternehmen müssen gemeinsam daran arbeiten, Menschen auf eine Welt vorzubereiten, die von KI geprägt ist.

c) **Der Mensch im Zentrum:**

Trotz aller Fortschritte bleibt KI ein Werkzeug. Der Mensch bleibt die zentrale Instanz, die Entscheidungen trifft, Werte definiert und Verantwortung trägt. KI sollte unsere Menschlichkeit stärken, nicht ersetzen.

d) **Ethik und Sicherheit als Grundpfeiler:**

Ethik und Sicherheit dürfen keine nachträglichen Ergänzungen sein – sie müssen den Kern der Entwicklung von KI bilden. Standards, Validierungsprozesse und klare Leitlinien sind entscheidend, um Risiken zu minimieren und Vertrauen zu schaffen.

e) **Ein flexibler, risikobasierter Ansatz:**

Nicht jede KI-Anwendung ist gleich kritisch. Ein risikobasierter Ansatz hilft, die notwendigen Maßnahmen dort zu priorisieren, wo sie am dringendsten benötigt werden. Dies fördert Effizienz und Sicherheit gleichermaßen.

6.3   Ein Appell an die Menschheit

Künstliche Intelligenz ist nicht länger eine Technologie der Zukunft – sie ist die Gegenwart. Ihre Auswirkungen auf unsere

Gesellschaft, Wirtschaft und Kultur sind unausweichlich. Doch wie diese Technologie genutzt wird, liegt in unseren Händen.

Wir stehen vor einer historischen Aufgabe: sicherzustellen, dass KI nicht zu einem Instrument der Spaltung, Kontrolle oder Zerstörung wird. Stattdessen muss sie ein Werkzeug sein, das Leben verbessert, Herausforderungen löst und die Menschlichkeit in den Vordergrund stellt. Diese Aufgabe erfordert Mut, Kreativität und die Bereitschaft, Verantwortung zu übernehmen.

Der aktuelle Moment verlangt nach einer Gesellschaft, die bereit ist, schwierige Fragen zu stellen, ethische Standards zu definieren und langfristig zu denken. Dieser Moment verlangt auch von uns allen – als Bürger, als Gemeinschaften und als Individuen –, eine klare Entscheidung zu treffen, welche Rolle KI in unserem Leben spielen soll.

Die Zukunft der KI liegt nicht in den Algorithmen selbst, sondern in der Menschlichkeit, mit der wir sie gestalten. Es ist Zeit, aufzuwachen, kritisch zu denken und eine Welt zu schaffen, in der KI ein Werkzeug der Hoffnung und des Fortschritts ist – ein Partner, nicht ein Meister. Gemeinsam können wir sicherstellen, dass KI eine Zukunft ermöglicht, die gleichermaßen von Innovation und Menschlichkeit geprägt ist.

EPILOG

Die Reise, die wir in diesem Buch angetreten haben, war mehr als eine Analyse der Künstlichen Intelligenz (KI). Sie war eine Einladung, die Möglichkeiten und Herausforderungen einer Technologie zu erkunden, die unsere Welt grundlegend verändert. Wir haben uns mit den Chancen auseinandergesetzt, die KI bietet – von bahnbrechenden Innovationen bis hin zu neuen Wegen, das Leben zu verbessern. Gleichzeitig haben wir die Risiken beleuchtet, die entstehen, wenn diese Macht unkontrolliert, unreflektiert oder ungerecht genutzt wird.

Doch am Ende geht es nicht nur um die Technologie selbst, sondern darum, was sie über uns als Menschen aussagt. KI ist ein Spiegel unserer Werte, unserer Prioritäten und unserer Entscheidungen. Sie zwingt uns, Fragen zu stellen, die weit über technische Details hinausgehen: Was bedeutet es, menschlich zu sein? Welche Verantwortung tragen wir füreinander und für kommende Generationen? Wie können wir sicherstellen, dass Fortschritt nicht nur effizient, sondern auch gerecht ist?

Die Zukunft der KI liegt in unseren Händen. Sie wird nicht durch Algorithmen oder Daten bestimmt, sondern durch die Entscheidungen, die wir heute treffen. Politik, Wirtschaft, Wissenschaft und Gesellschaft müssen gemeinsam den Weg in eine Zukunft ebnen, in der KI nicht nur ein Werkzeug des Fortschritts ist, sondern auch ein Symbol für menschliche Kreativität, Ethik und Verantwortung. Dabei dürfen wir die zentrale Rolle des Menschen nie aus den Augen verlieren. Es ist unsere Aufgabe, KI so zu gestalten, dass sie uns ergänzt, unterstützt und stärkt, ohne unsere Autonomie oder Würde zu gefährden.

Die Reise endet hier nicht. Sie beginnt erst. KI ist nicht das Ende unserer Entwicklung, sondern ein neuer Anfang – ein mächtiges Werkzeug, das uns helfen kann, einige der drängendsten Probleme der Welt zu lösen. Ob es um den Kampf gegen den Klimawandel, die Verbesserung der Gesundheitsversorgung oder die Förderung von Bildung geht, die Möglichkeiten sind grenzenlos. Aber diese Möglichkeiten bringen auch eine Verpflichtung mit sich: Die Verpflichtung, klug, mutig und verantwortungsbewusst zu handeln.

Ein Epilog ist oft ein Blick zurück, doch dieser ist ein Blick nach vorn. Es liegt an uns, eine Zukunft zu schaffen, die von Hoffnung, Fairness und Innovation geprägt ist. Eine Welt, in der Mensch und Maschine harmonisch koexistieren und gemeinsam Großes erreichen können. Die Fragen, die wir gestellt haben, sind nicht alle beantwortet – und das ist gut so. Denn die Ungewissheit gibt uns Raum, zu gestalten, zu lernen und besser zu werden.

Die Geschichte der KI ist noch lange nicht geschrieben. Aber wir haben die Feder in der Hand. Lassen Sie uns sie weise führen.

DANKSAGUNG

Am Ende dieses Buches möchte ich innehalten und all denjenigen danken, die mich auf dieser Reise begleitet und inspiriert haben. Dieses Werk ist nicht das Ergebnis einer isolierten Anstrengung, sondern das Produkt vieler Diskussionen, Ideen und Denkanstöße, die ich aus meinem großartigen Netzwerk und meinem beruflichen sowie privatem Umfeld erhalten habe.

Ein besonderer Dank gilt meinen Kolleginnen und Kollegen, die sich immer wieder die Zeit genommen haben, mit mir über die tiefen und oft herausfordernden Fragen der Künstlichen Intelligenz, Ethik und Sicherheit zu sprechen. Hier möchte ich ganz besonders meinem Kollegen *Dr. Dennis Janning* danken, dessen wertvolle Beiträge und die vielen tiefgründigen Diskussionen das Ergebnis dieses Buches entscheidend geprägt haben. Eure Offenheit, eure kritischen Gedanken und eure Bereitschaft, auch kontroverse Themen zu beleuchten, haben dieses Buch bereichert und ihm eine Tiefe verliehen, die ich alleine nie hätte erreichen können. Mein Dank gilt auch meinem Netzwerk – den Expertinnen und Experten, Beraterinnen und Beratern, Innovatorinnen und Innovatoren, die ich über die Jahre kennenlernen durfte. Eure Perspektiven, Erfahrungen und euer Mut, neue Wege zu gehen, sind eine ständige Quelle der Inspiration für mich. Ihr habt mir gezeigt, wie wichtig es ist, über den eigenen Tellerrand hinauszuschauen und den Dialog zu suchen, um wirklich nachhaltige und verantwortungsvolle Lösungen zu finden.

Zuletzt danke ich allen, die den Mut haben, sich mit diesen

komplexen Themen auseinanderzusetzen. Der Diskurs über Künstliche Intelligenz, Ethik und Sicherheit ist nicht einfach, aber er ist notwendig.

Danke, dass ihr den Willen und die Bereitschaft zeigt, diesen Weg gemeinsam zu gehen – in Gesprächen, in Projekten und in der Gestaltung unserer gemeinsamen Zukunft. Ohne euch wäre dieses Buch nicht möglich gewesen. Dieses Werk ist nicht nur mein Beitrag zur Diskussion, sondern auch ein Zeugnis für die Kraft des Austauschs, der Zusammenarbeit und des kollektiven Denkens.

Vielen Dank,
Stephan

Über den Autor

Stephan Weber ist Autor, Unternehmensberater und Hörbuch-Sprecher, der sich intensiv mit den ethischen, gesellschaftlichen und technologischen Herausforderungen des Zeitalters der Künstlichen Intelligenz auseinandersetzt. Mit über zwei Jahrzehnten Erfahrung in der Beratungsbranche hat er

 Unternehmen erfolgreich durch transformative Veränderungen begleitet und dabei stets den Menschen in den Mittelpunkt gestellt.

Seine Arbeit vereint eine klare strategische Perspektive mit einem tiefen Verständnis für die Dynamik moderner Technologien. Besonders die Frage, wie KI verantwortungsvoll eingesetzt werden kann, prägt sein Denken und Schreiben. Mit einem besonderen Fokus auf Ethik und Sicherheit in einer zunehmend algorithmisch geprägten Welt gibt Stephan in seinem neuen Buch „Der unsichtbare Kompass: Ethik und Sicherheit im Zeitalter der KI" wertvolle Impulse für Unternehmen, Entscheidungsträger und die Gesellschaft insgesamt.

Stephan Weber lebt mit seiner Familie im malerischen Schwarzwald, wo die Ruhe der Natur ihm Inspiration für seine Bücher und Projekte bietet. Er ist ein leidenschaftlicher Verfechter der Verbindung von Fortschritt und Menschlichkeit – ein Leitmotiv, das sich durch sein gesamtes Werk zieht. Neben seiner schriftstellerischen Tätigkeit ist er ein gefragter Redner, der komplexe Inhalte auf klare und zugängliche Weise vermittelt, sei es in Vorträgen, Podcasts oder Interviews.

In „Der unsichtbare Kompass" ermutigt Stephan Weber seine Leser, die Zukunft aktiv zu gestalten: durch mutige Entscheidungen, kritisches Denken und eine klare Vision für eine Welt, in der Technologie im Einklang mit menschlichen Werten steht. Mit seiner klaren Botschaft, dass Fortschritt und Verantwortung Hand in Hand gehen müssen, lädt er dazu ein, die Chancen der KI zu nutzen und gleichzeitig ihre Herausforderungen verantwortungsvoll zu bewältigen.

Sein Lebensmotto, inspiriert von Johann Wolfgang von Goethe, lautet: „Die beste Zukunft ist die, die wir selbst gestalten." Mit dieser Überzeugung ruft Stephan Weber dazu auf, die Gegenwart zu hinterfragen, mutig in die Zukunft zu blicken und unsere Welt aktiv zu formen.

www.ingramcontent.com/pod-product-compliance
Lightning Source LLC
Chambersburg PA
CBHW052150220526
45471CB00004B/1619